Matthias Schramm

Altindische Heilungswege

Praktische Anwendung des Ayurveda

Dr. Werner Jopp Verlag
Wiesbaden

1., 2., 3., 4., 5. Auflage 1999, 1998, 1997

Die Deutsche Bibliothek – CIP-Einheitsaufnahme

Schramm, Matthias:
Altindische Heilungswege : praktische Anwendung des Ayurveda / Matthias Schramm. – Wiesbaden : Jopp, 1997
(Natur hilft heilen)
ISBN 3-926955-90-2

Umschlaggestaltung: Kreativ Design Gerd Aumann, Wiesbaden
Zeichnungen: Brigitte Braun-Dähler, Bad Schwalbach
Fotos: Ayurvedaklinik, Traben-Trarbach
Druck und Bindearbeiten: Danuvia Druckhaus Neuburg GmbH, Neuburg /Donau
Printed in Germany

ISBN 3-926955-90-2

Inhaltsverzeichis

Vorwort

Als die Archäologen 1922 begannen, die Ruinen der altindischen Stadt Mohendscho-Daro freizulegen, stießen Sie auf die überraschenden Zeugnisse einer uralten Hochkultur. Zum Erstaunen der Fachleute fand man hier eine der bestangelegten Stadtarchitekturen der Antike. Allein die zentrale Badeanlage war nach einem Zeitraum von mehr als 5000 Jahren immer noch so intakt, daß sie das eingeleitete Wasser nahezu halten konnte. Jedes einzelne der etwa 6000 Gebäude verfügte über einen oder mehrere eigene Baderäume mit dazugehörenden Abwassersystemen. Straßen und Gassen waren in einer verblüffend zweckmäßigen, streng geometrischen Architektonik angelegt.

Weder die Ruinen des antiken Griechenland, des alten Ägypten noch die Bauwerke der Kulturen Südamerikas wiesen derart ausgeklügelte hygienische Anlagen auf. Offensichtlich hatte zur Blütezeit dieser Stadt am Ufer des Indus vor 5000 Jahren eine in allen Bereichen kulturellen Lebens hochentwickelte Bevölkerung gelebt. Mit Tiermotiven versehene Tonsiegel dienten als „Markenzeichen" der damaligen Großhändler, die, wie andere Quellen zeigen, einen regen „internationalen" Warenverkehr mit den Völkern des Nahen Ostens und Ägyptens führten.

Auch aus dem 4. vorchristlichen Jahrhundert sind uns Schilderungen der Größe und Schönheit indischer Städte überliefert. Alexander der Große erreichte im Jahr 326 v. Chr. auf seinen Eroberungszügen den indischen Subkontinent. Sein General Seleukos I. unterhielt später einen Gesandten am Hofe des Maurjaherrschers Chandragupta – den Griechen Megasthenes. Dieser hinterließ der Nachwelt die frühesten schriftlichen Berichte über Indien. Es waren Berichte voller Bewunderung.

Megasthenes beschrieb eine andere Stadt des alten Indiens, Pataliputra, als eine Weltstadt von gewaltiger Größe. Sie war von Gräben, Palisaden, Türmen und Zugbrücken umgeben, mit breiten, beleuchteten Straßen ausgestattet. Es gab vielstöckige Häuser, Geschäfte, Theater, Spielplätze, Sportbahnen und Versammlungsräume. Ein mit Gold und Silber verzierter Königspalast befand sich in einem Park voller künstlicher Seen und exotischer Tiere. Die königliche Armee und eine zentrale Verwaltung für Geld, Steuern, Bergbau, Landwirtschaft, Handel und Schiffahrt sicherten den Bestand des Reiches. Es wurden Handelsstraßen nach Norden, Westen und Süden gebaut. Große Bevölkerungsgruppen wurden planmäßig in unbevölkerten Landesteilen angesiedelt.

Diese griechischen Überlieferungen, die das Bild einer uralten Hochkultur entstehen lassen, die Grabungsergebnisse in Mohendscho-Daro und die Wiederentdeckung altindischer medizinischer Grundlagenwerke durch zeitgenössische Historiker führte 1958 den Amerikaner Howard Bentley in seinem „Traktat über die Neubewertung der indischen Medizin" zu der Forderung, die altindische Medizin – den Ayurveda – als das anzuerkennen, was er nach neuesten Forschungsergebnissen auch ist: die Grundlage aller vorantiken, antiken und modernen Heilkunde.

Einleitung

Ayurveda, die „Wissenschaft vom langen und gesunden Leben“, hat in den letzten Jahren weltweit in einem hohen Maß an Popularität gewonnen.
In Zusammenarbeit mit den führenden zeitgenössischen Ayurvedaärzten hat derInitiator der weltweit spirituellen Erneuerungsbewegung Maharishi Mahesh Yogi es vermocht, die Hüter der modernen westlichen Medizin auf den immensen Nutzen des Ayurveda für die Bereiche von Prophylaxe und Therapie chronischer Erkrankungen aufmerksam zu machen.
Der Maharishi-Ayurveda ist dadurch gekennzeichnet, daß er neben dem Angebot einer wirksamen Therapie der bis heute als schwer oder als nicht behandelbar angesehenen Krankheitsbilder eine neue Sicht darüber vermittel, was Krankheit und Gesudheit eigentlich sind.
Der Maharishi-Ayurveda versteht sich als ganzheitliches und hochaktuelles Medizinsystem, das neben dem Ziel einer Wiederherstellung guter körperlicher Gesundheit bestrebt ist, dem Patienten zu helfen, seinen natürlichen Zustand von innerer Ausgeglichenheit, Wohlbefinden und größtmöglicher Spannkraft wiederzuerlangen.
Darüber hinaus stellt der Ayurveda dem interessierten Leser das vielleicht umfassendste Angebot an Hinweisen und Instruktionen zur eigenverantwortlichen Gesundheitspflege zur Verfügung.
Mittlerweile sind zahlreiche westliche Mediziner aller Fachrichtungen in der Theorie und Praxis des Maharishi-Ayurveda ausgebildet worden, und viele Patienten haben den Nutzen der praktischen Anwendungen für ihre Gesundheit erfahren. So sind allein in den letzten Jahren Hunderte von Behandlungszentren in den meisten Ländern der Erde entstanden, und zu wünschen bleibt nur ein ständig weiter wachsendes Interesse an diesem uralt-modernen Medizinsystem.

Alte Schriften, Chirurgie und Pflanzenheilkunde

Die Wurzeln reichen in die früheste Geschichte zurück

Die Wurzeln des Ayurveda reichen in die früheste Zeit der menschlichen Geschichte zurück, einer Menschheitsepoche, in der die Unterweisungen des Ayurveda (Ayur-Veda bedeutet: „Wissenschaft vom Leben") vom Lehrer zum Schüler nur in mündlicher Form weitergegeben wurden.

2500 Jahre alte Aufzeichnungen

Die ältesten überlieferten schriftlichen Aufzeichnungen sind etwa 2500 Jahre alt. Schon immer wurde großer Wert darauf gelegt, daß nur eine fundierte, alle Gebiete der Medizin einschließende Ausbildung einem angehenden *Vaidya* oder Ayurveda-Mediziner so gute Kenntnisse und Fähigkeiten vermitteln konnte, daß er in seiner praktischen Tätigkeit ein Höchstmaß an Effizienz erreichte.

Universität von Taxila

Studenten aus China, Tibet, Südindien und anderen Ländern besuchten schon vor Tausenden von Jahren die Universität der altindischen Stadt Taxila, um das dort erworbene Wissen in ihren Heimatländern anzuwenden.

Charaka-Samhita

Die Texte der *Charaka-Samhita* (eine Sammlung von Lehrtexten des Ganzheitsmediziners Charaka), die etwa 500 Jahre vor Christus schriftlich niedergelegt worden sind, bezeugen die außergewöhnliche Effektivität und Vielseitigkeit der ayurvedischen Medizin. Charaka stellte fest, daß der Ayurveda nicht ein erdachtes Medizinsystem ist, das ausschließlich logischen und verstandes-

Alle Prinzipien des Ayurveda wurden von weisen Männern direkt wahrgenommen

mäßigen Ursprungs ist, sondern alle dem Ayurveda zugrundeliegenden Prinzipien wurden von weisen Menschen, den sogenannten vedischen „Rishis" oder „Sehern der Wirklichkeit des Lebens", direkt wahrgenommen und als fundamentale Naturgesetze erkannt.

Vorgehensweise der modernen Medizin

Im Gegensatz dazu folgt die moderne Medizin dem Vorgehen des Versuch- und Irrtumsystems: Chemische Stoffe oder isolierte Einzelsubstanzen aus Heilpflanzen werden im Tierversuch oder in der Anwendung am Menschen erprobt, um festzustellen, ob sie keine, nur schädliche oder in irgendeiner Hinsicht auch nützliche Eigenschaften für die Gesundheit besitzen. Man ist bereit, zum Zweck der Linderung eines Krankheitssymptoms oftmals schwere Nebenwirkungen in Kauf zu nehmen. Das ganzheitliche Denken und Handeln im Einklang mit den natürlichen Gesetzmäßigkeiten, welches den Ayurveda auszeichnet, ist in der Lage, der modernen Medizin genau das Wissen zur Verfügung zu stellen, das sie zu ihrer Vervollkommnung so dringend benötigt.

Grund für die schnelle Verbreitung des Ayurveda

Der tiefgreifende Mangel an vollständigem Wissen und die einseitige Ausrichtung auf rein intellektuelles Fachwissen im modernen Heilwesen haben das Bedürfnis nach zufriedenstellendem, umfassendem, gleichermaßen verstandesmäßigem und intuitivem Wissen neu geweckt. Dies ist der Grund, warum die Naturwissenschaft des Ayurveda heute eine so schnelle Verbreitung erfährt, so daß sie bald wieder ihre zentrale Stellung als Grundlage jedes therapeutischen Bemühens in allen Bereichen der Medizin einnehmen wird.

Die Definition Charakas von Gesundheit lautet:

Definition Charakas von Gesundheit

> „Gesund ist der Mensch, dessen Doshas (konstitutionelle Anlagen und physiologische Funktionen) im Gleichgewicht sind, dessen Stoffwechsel, Verdauungsprozesse, Körpergewebe und Ausscheidungsvorgänge ungehindert arbeiten, und dessen Bewußtsein, Geist und Sinne sich im Zustand dauerhaften inneren Glücks befinden"

Gesund im Sinne der modernen Medizin

Die moderne Medizin sieht einen Patienten als gesund an, wenn seine Laborwerte im Normbereich liegen, keine Abweichungen im Blutbild festzustellen sind und Röntgendiagnostik oder das EKG keine krankhaften Befunde ergeben.

Der objektive Befund allein interessiert, das Befinden des Patienten steht heute meist nicht im Vordergrund. Jeder weiß, wie enttäuschend es sein kann, wenn wir deutliche oder auch nur leichte Beschwerden irgendwo im Körper verspüren oder unser Allgemeinbefinden in irgend einer Weise gestört ist, der Arzt uns nach der Untersuchung aber die Auskunft gibt: „Ich kann nichts feststellen – Sie sind gesund."

Aber ist dies wirkliche Gesundheit?

Wirklich gesund ist nur der, der sich im Zustand dauerhaften inneren Glücks befindet

Charakas Definition von Gesundheit zeigt uns, daß als wirklich gesund nur derjenige bezeichnet werden kann, der „sich im Zustand dauerhaften inneren Glücks befindet", also jemand, der nicht nur frei ist von Schmerz oder Krankheitssymptomen, sondern sich auch gut gelaunt, voller Energie und zufrieden fühlt.

Zu allen Zeiten strebte der Ayurveda dieses Ziel höchster Gesundheit an.

Aber auch auf einem anderen Gebiet können wir viel vom Ayurveda lernen:

Grundlage der neuzeitlichen Chirurgie

Medizinhistoriker stimmen heute zu, daß der Ayurveda die Grundlage auch der neuzeitlichen Chirurgie darstellt.

Sushruta-Samhita

Die *Sushruta-Samhita*, eine weitere Sammlung medizinischer Texte, ein 2000 Jahre altes Kompendium der Operationskunde, erläutert anschaulich, daß neben der voll entwickelten internistischen Medizin, die Allgemeinerkrankungen wie Rheumatismus, Infektionskrankheiten, Entzündungen und manifeste Erkrankungen der inneren Organe zuverlässig heilen konnte, ein System der Operationstechnik bestand, das genaue Vorschriften zur Durchführung jedes Eingriffs machte. Dabei verstand man sich ebenso gut auf eine entsprechende Anästhesie, Asepsis und Wundnachbehandlung.

Der Ayurveda ist in 8 Fachbereiche untergliedert:

Fachbereiche des Ayurveda

- Salakya: äußere und innere Erkrankungen von Auge, Ohr, Nase und Kehle,
- Salya: Chirurgie,
- Kaya cikitsa: Lehre von den Heilmitteln,
- Bhutavidya: Geisteskrankheiten,
- Kumarabhritya: Kinderkrankheiten,
- Agada Tantra: Toxikologie, Lehre von den Giften,
- Rasayana Tantra: Lehre von der chemischen Aufbereitung pflanzlich-mineralischer Stoffe zur Herstellung spezieller Tonika und Aufbaumittel,
- Vajikarana: Sexual- und Fortpflanzungslehre.

Ayurveda war höchste Heilkunst

Schon in der alten Welt verband man mit dem Begriff Ayurveda höchste Heilkunst, so berichtet die Überlieferung von einem indischen Arzt, der am Hof von Bagdad zu hohem Ansehen gelangt war, nachdem er einen Vetter des Kalifen, der von einem Arzt der griechisch-arabischen Heilkunde für tot erklärt worden war, durch ein Niesmittel ins Leben zurückrief.

Paracelsus verehrte die altindische Heilkunde

Auch der deutsche Vorkämpfer der Naturheilkunde, Paracelsus, sprach im 16. Jahrhundert Worte der höchsten Verehrung für die „edlen Brahmanen" und ihre Heilkunde aus. Seine Lehre von den drei „Grunddingen" Sulfur, Sal und Merkur (die Prinzipien des Feurigen, Salzigen und Beweglichen) stellt die Übernahme von Teilen der ayurvedischen Lehre von den drei Doshas in die mittelalterliche Medizin Europas dar. Zahlreiche ayurvedische Heilpflanzen, Metalle und sogar Präparate aus gemahlenen Edelsteinen hielten Einzug in die Apotheken der westlichen Hemisphäre.

Weltweite Nutzung ayurvedischer Arzneipflanzen

Die heutige weltweite Nutzbarmachung ayurvedischer Arzneipflanzen ist ein weiterer Verdienst des Maharishi-Ayurveda. Mineralische und pflanzliche Zubereitungen höchster Qualität werden nun in ihrer heilkräftigsten Form – auf der Basis der uralten, genau überlieferten Rezepturen – wieder für uns verfügbar.

Das Tridoshasystem, ein zentrales Thema des Maharishi-Ayurveda

Ayurveda kennt 3 Grundenergien

Der Ayurveda kennt drei fundamentale, über geistige und körperliche Anlagen eines Menschen bestimmende Grundenergien, die jeden Menschen in seiner Konstitution, seiner Verhaltensweise und seinen Reaktionenn prägen: die *3 Doshas.*

Doshas

Unterschiedliche Individuen

Jeder von uns kann in seinem Freundes- oder Bekanntenkreis beobachten, daß sich die einzelnen Individuen nicht nur in ihrem Aussehen, sondern auch in ihren Gewohnheiten, Reaktionsweisen und Bedürfnissen mehr oder weniger voneinander unterscheiden. Einige Menschen erscheinen uns von Natur aus gelassener, ruhiger, und sie scheinen alles im Leben eher leicht zu nehmen, manche sind deutlich kräftiger gebaut, haben eine rötliche Haarfarbe oder sind auffallend schlank, von anderen kennen wir ihre Neigung, schnell gereizt zu reagieren oder nervös zu werden.

Konstititionslehren

In der Medizin versuchte man, Gemeinsamkeiten oder Trennendes im Aussehen oder Verhalten verschiedener Menschen zu entdecken, um mit Hilfe solcher „Konstitutionslehren" eine bessere Handhabe zur Prophylaxe und Therapie von Krankheiten zu entwickeln.

Basis zur Erlangung vollständiger Gesundheit

Im Ayurveda ist das Verständnis der 3 Grundkonstitutionen des Menschen und der sich daraus ableitenden praktischen Konsequenzen die Basis für die Erlangung vollständiger Gesundheit.

Jedes Individuum verfügt über die 3 Doshas, ein Begriff, den man mit *Grundfunktionen* oder jeder körperlichen und geistigen Aktivität zugrundeliegenden Kräften übersetzen könnte.

Grundfunktionen

Diese fundamentalen Energien werden *Vata, Pitta* und *Kapha* genannt. Sie sind jedoch nicht bei jedem Menschen zu gleichen Anteilen zu finden, sondern eines oder mehrere dieser Doshas können in der persönlichen Konstitution dominieren. Daher unterscheidet man reine „Vatatypen" (die Eigenschaften des Vataprinzips, wie Beweglichkeit, Leichtigkeit und Schnelligkeit überwiegen bei diesem Typ zeitlebens) von reinen „Pittatypen", bei denen Eigenschaften wie vermehrte Hitze, Entschlossenheit des Charakters oder Entzündungsneigung zu beobachten sind. Bei einem „kaphabetonten" Individuuum fänden wir eine Neigung zu Korpulenz, Schwerfälligkeit und Verlangsamung des Stoffwechsels.

Vata, Pitta und Kapha

Mischtypen zeigen demnach kombinierte Verhaltensweisen der bei ihnen vorherrschenden Doshas. Ein Pitta-Kapha-Typus verfügt sowohl über Kraft, Ausdauer, Beständigkeit (Zeichen seines stabilen Kaphaanteils) als auch über Ehrgeiz, Zielstrebigkeit und Durchsetzungsvermögen, die sich durch sein dynamisches Feuerelement, das Pittadosha, erklären lassen.

Mischtypen

Drei-Dosha-Typen vereinen in ihrer Konstitution wesentliche Merkmale von Vata, Pitta und Kapha gleichermaßen.

Drei-Dosha-Typen

Der Vatatyp

Aufgrund der trockenen, kalten und leichten Eigenschaften des bei ihnen vorherrschenden Vata- oder Windelements zeigen diese Menschen eine vermehrte Neigung zum Frösteln, mögen Wind oder kalte Witterung nicht und sind sehr schlank, oft hager gebaut.

Vermehrte Neigung zum Frösteln

Trockene Haare

Haut und Haare neigen zu Trockenheit und mangelnder Elastizität.

Übermäßige Leichtigkeit

Das Vatadosha besteht aus den vereinigten Grundelementen Raum und Äther, die zu übermäßiger Leichtigkeit und dem Gefühl des „Nicht-Geerdet-Seins" beim Patienten führen können. Unter Streßeinfluß kann sich dieser Zustand zu Schlaflosigkeit, Unruhe- und Angstzuständen, grundlosem Grübeln, Orientierungslosigkeit und Schreckhaftigkeit steigern.

Geringe Resistenz gegen Streß

Die Sinne des Vatamenschen sind sehr sensibel, solche Personen „hören das Gras wachsen", die Folge ist eine weit geringere Resistenz gegen alle Einflüsse von Streß, wie Straßenlärm, laute Geräusche, längere Autofahrten oder Reisen, aber auch gegenüber zwischenmenschlichen Spannungen oder inneren Konfliktsituationen.

Begeisterungsfähigkeit

Im gesunden Zustand zeigen solche Personen Begeisterungsfähigkeit, Intelligenz, die Fähigkeit, Neues schnell aufzunehmen, und sie sind freundlich und umgänglich.

Typische Vataerkrankungen

Typische Vataerkrankungen, also solche Krankheiten oder Störungen, die auf einem Übermaß von Vata im Organismus beruhen, sind:

- Magen-Darm-Krämpfe bzw. Spasmen der Atemwege,
- Schlaflosigkeit, Unruhe und Überforderungserscheinungen des Nervensystems,
- Zerstreutheit, schnelles Sprechen und Konzentrationsstörungen,
- Nervenleiden verschiedener Ursache,
- Neuralgien, wie der häufig auftretende Ischiasschmerz
- Schwindel- und Unsicherheitsempfindungen,
- Obstipation, Verstopfungsneigung (da der Sitz des Vatadoshas im Körper vor allem der Dickdarm ist),
- Verdauungsstörungen mit Völlegefühl und Blähungen,
- Schwäche, schnelle Erschöpfbarkeit,
- unregelmäßiges Auftreten von Hunger und Appetitlosigkeit,
- Trockenheit von Gelenken oder Schleimhäuten und „knarrende Gelenke",

- Arthritis,
- Wechselhaftigkeit und Instabilität aller Symptome.

Der Pittatyp

Der intensiv-metabolische, also zu einer gesteigerten Funktion neigende Stoffwechsel von Pittapersonen basiert auf den im Pittadosha vorhandenen Anteilen Feuer und geringfügige Feuchtigkeit. Pitta ist für Verbrennungs- Verdauungs- und Verstoffwechslungsprozesse sowohl im Magen-Darm-Trakt als auch in jeder Zelle verantwortlich.

Verdauung von Nahrungsbestandteilen

Die Aufgabe des Pittaelements ist die Verdauung von Nahrungsbestandteilen vor allem im Zwölffingerdarm und im Dünndarm, die Bildung von Enzymen durch die Bauchspeicheldrüse und die Ausschüttung von fettverdauender Gallenflüssigkeit sowie die Bereitstellung von „Hitzeenergie" für die energiekonsumierenden und energieliefernden Vorgänge in Zelle und Geweben.

Leberstoffwechsel steht in Verbindung mit dem Pittadosha

Der besonders rege Stoffwechsel der körpereigenen „Chemiefabrik" der Leber und der der innersekretorischen Drüsen, wie der Schilddrüse und der Nebennieren, wird weitgehend mit dem Wirken des Pittadosha in Verbindung gebracht.

Physiologischer Sitz von Pitta

Der physiologische Sitz von Pitta ist vor allem der Zwölffingerdarm, aber auch die Leber, die Gallenblase, die Augen und der Magen beherbergen das Pittaelement. So kommt es bei krankhaft überhöhtem Pitta schnell gerade in diesen Bereichen zu Entzündungen, wie bei der Gastritis oder Magenschleimhautentzündung, zu Sodbrennen und anderen Symptomen vermehrter Säure, Hitze oder Überreizung.

Gesunde Pitta sorgt für vollständige Verdauung

In der gesunden Balance sorgt Pitta für vollständige Verdauungsprozesse ohne Schlackenbildung, gibt der Physiologie Kraft, ist für gute Sehkraft verantwortlich und schafft einen strahlenden Teint, vitales Aussehen und Glanz der Haut.

Durchschnittlicher Körperbau

Pittaindividuen haben einen meist eher durchschnittlichen Körperbau, eine Neigung zu blonden oder rötlichen Haaren und manchmal eine gelbliche oder bronzefarbene Hautkolorierung.

Intelligent, ehrgeizig und zielstrebig

Pittadoshas fallen uns meist auf als intelligent, ehrgeizig und zielstrebig. Sie sind gute Redner und legen Wert darauf, sich präzise auszudrücken. Sie verfügen gemeinhin über ein gutes Gespür für Fragen der Organisation. Gern sind sie tonangebend und dominant. Sie lieben Wettkampf und Erfolg, laufen aber Gefahr, engstirnig oder einseitig zu werden, wenn sie ihre angeborene Toleranz vergessen.

Pittabeeinflußte Erkrankungen

Pittaveranlagung oder über lange Zeit bestehende Pittaungleichgewichte können zu folgenden Erscheinungen führen:

- Gastritis, Magenschleimhautentzündung und fortgeschrittene, tiefgreifendere Schleimhautdefekte an Dünndarm oder Magen (Ulcus duodeni, U. ventriculi),
- Sodbrennen,
- Hepatitis,
- Gallenblasenentzündung,
- Gelbverfärbung der Haut als Folge eines Anstiegs des Gallenfarbstoffes im Blut (Ikterus),
- Gallenkolik,
- vermehrtes Schwitzen,
- stechender Geruch und Dunkelfärbung des Urins,
- Entzündungen auch der Haut, wie gerötete und juckende Ekzeme (nimmt Pitta zu, dehnt es sich im Körper aus, bis es die Körperoberfläche erreicht und dort sichtbar wird),
- Abneigung gegen sommerliche Hitze,
- Augenbindehautentzündung,
- übertriebener Ehrgeiz, der Zwang, „überall der Erste sein zu müssen“,
- Gereiztheit, Verdrießlichkeit, schlechte Laune,
- Neigung zu Blutungen,

- Hitzewallungen, wie solche des Klimakteriums und Fieber.

Der Kaphatyp

Stabiler und fülliger Körperbau

Diese Menschen sind stabil gebaut und weisen einen stämmigen oder fülligen Körperbau auf, bei ihnen drückt sich – auch äußerlich leicht erkennbar – das „Erdelement" prägnant aus; Kaphadosha setzt sich zusammen aus den Grundbestandteilen Erde und Wasser. Gut erkennbar sind sie an ihrem kräftigen Brustkorb und den manchmal großen, mächtigen Händen. Oft erscheinen sie anderen besonders ruhig, gelassen, oder sie tendieren sogar zu Schwerfälligkeit. Nichts ist normalerweise in der Lage, sie aus der Ruhe zu bringen.

Tendieren zu Schwerfälligkeit

Kaphatypen sind ausgestattet mit stabilen Knochen, starken Gelenken und großen, weißen Zähnen. Ihre Augen sind meist attraktiv, schön geformt und groß. Sie lieben den Besitz von irdischen Dingen, wie Immobilien, Schmuck oder Kleidung, und mögen gern gutes Essen, ein stilvolles Ambiente, und sie sind Genießer.

Sie lieben den Besitz irdischer Dinge

Ihr Arbeitsrhythmus ist eher kontinuierlich, stetig und ausdauernd.

Ihre „Achillesferse" ist die Gefahr zunehmender Lethargie und Antriebslosigkeit, womit auch eine Verlangsamung sämtlicher Stoffwechselvorgänge einhergehen kann. Selbstgefälligkeit und Passivität sollten sie durch Aktivität, Eigeninitiative und sportliche Betätigung ersetzen.

Gefahr zunehmender Lethargie

Kaphastörungen, also ein über längere Zeit andauerndes Übermaß an Kapha im Körper, kann zu folgenden, tendenziell eher chronischen Leiden führen:

Kaphabedingte Krankheiten

- Diabetes (beruht auf einem überhöhten Kapha bei einem Mangel an Pitta und zeigt die Unfähigkeit des Zellstoffwechsels an, Kohlenhydrate adäquat zu verbrennen; ursächlich kommt auch eine Ansammlung von Stoffwechselschlacken, dem sogenannten *Ama,* in jeder einzelnen Zelle, den Geweben und in den Langerhans-Zellen der Bauchspeicheldrüse selbst in Frage),

- reduzierte Immunfunktionen, die Grippe- und Erkältungsanfälligkeit nach sich ziehen können,
- Allergien, wie Heuschnupfen und Nesselsucht,
- chronischer und akuter Bronchialkatarrh, Bronchitis, Husten mit Auswurf,
- Atemnot und Asthma bronchiale,
- Verschlackungen des Organismus, wie Sie bei erhöhten Cholesterinwerten, Arteriosklerose oder verpilztem Blut nachgewiesen werden können,
- Tumorerkrankungen, da auch diese die für Kapha typischen Eigenschaften aufweisen: Ausdehnung von Gewebe, herabgesetzter Stoffwechsel, den die biologische Medizin als „Gärungsstoffwechsel" bezeichnet, bei dem der energiebereitstellende Funktionskreislauf der Zelle, der Kohlenhydratzyklus, nicht mehr auf der gesunden Sauerstoffversorgung des Zellinneren basiert, sondern auf eine Notversorgung umgeschaltet hat; auch hier ist eine Akkumulation von Rückständen die Folge, deren Ausscheidung behindert ist,
- Nasennebenhöhlenentzündung,
- Ödeme, Wasseransammlungen und Stauungserscheinungen des Gewebes.

Es gibt auch Mischtypen

Neben der angeborenen Dominanz eines einzelnen Doshas gibt es ebenso Zwei-Dosha-Typen und Drei-Dosha-Typen, die die Merkmale der beteiligten Doshas in Kombination aufweisen, was unter anderem auch für die Berufswahl mitentscheidend sein kann.

Kapha-Pitta-Typ

Ein *Kapha-Pitta-Typ* wäre ein idealer Leistungssportler, er wäre in der Lage, ausdauernd und über Stunden in einem Tennismatch zu bestehen – wozu ihm sein gut ausgeprägtes Kapadosha verhilft –, und gleichzeitig brächte er den Ehrgeiz auf, zu siegen – eine Pittaeigenschaft.

Vata-Pitta-Typ

Ein *Vata-Pitta-Typ* könnte ein guter Chirurg sein, da er zu Feinarbeit ebenso fähig ist wie dazu, schwierige Situationen mit eisernem Willen zu beherrschen.

Kapha-Vata-Typ

Ein *Kapha-Vata-Typ* könnte sich möglicherweise als Uhrmacher und Goldschmied bewähren, da er zu einem minutiösen Handwerk ebenso die Voraussetzungen mitbringt wie ein Gespür für den richtigen Umgang mit wertvollen Materialien und Geld.

Leben im harmonischen Akkord der 3 Doshas – das Ziel des Ayurveda

Die Doshalehre des Ayurvede kennt insgesamt 7 mögliche Grundkonstitutionstypen des Menschen, die durch die prozentuale Verteilung der 3 Doshas bei einer Person entstehen:

- Vata
- Pitta
- Kapha
- Vata-Pitta
- Vata-Kapha
- Pitta-Kapha
- Vata-Pitta-Kapha (der Drei-Dosha-Typ)

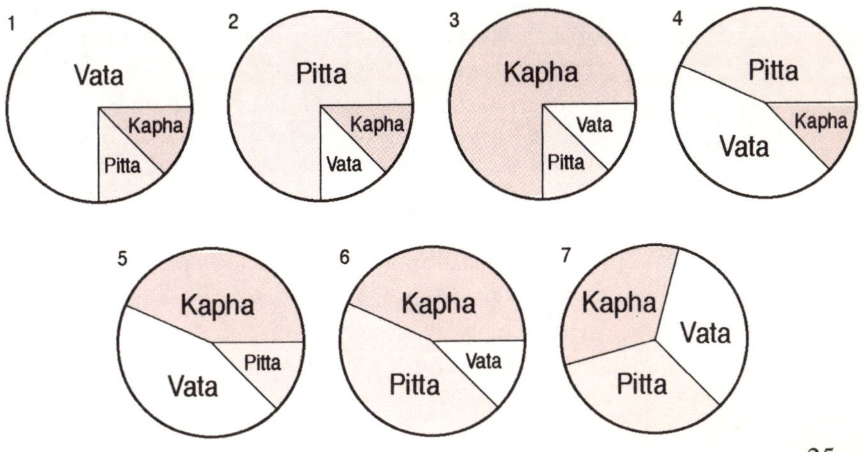

Beispiel eines Vatatyps

Wie die Graphik zeigt, verstehen wir unter einem Vatatypen (1) jemanden, bei dem zeitlebens die Eigenschaften des Vatadosha in seiner Physiologie und seinem geistig-emotionalen Erleben im Vordergrund stehen, wie Lebendigkeit, Flexibilität und schlanker Körperbau. Die Doshas Pitta und Kapha sind bei ihm zwar vorhanden, sie spielen jedoch keine dominierende Rolle.

Dieser reine Vatatyp zeichnet sich demnach wahrscheinlich nicht durch besonderen Ehrgeiz oder große körperliche Stabilität aus, da es ihm an Pitta und Kapha mangelt, die solche Eigenschaften bei einem Individuum hervorbringen.

Treten bei einem solchen Patienten keine Krankheitserscheinungen auf, und zeigen sich bei ihm nur die positiven Eigenschaften des Vatadosha, so würde man diese Situation als den natürlichen Zustand ansehen, man würde diese Person als gesund bezeichnen, und eine Behandlung wäre nicht erforderlich.

Beispiel eines Vata-Kapha-Typs

Ein Vata-Kapha-Typ (5) verfügt lebenslang über die besonderen Eigenschaften dieser beiden Doshas, wie z. B. Begeisterungsfähigkeit und Einfallsreichtum (Vataeigenschaften), verbunden mit großer körperlicher Ausdauer und einem schweren Knochenbau, die das Kaphaelement beisteuert. Pittaeigenschaften, wie großer Mut und Organisationstalent, finden wir bei ihm nicht sehr ausgeprägt vor. Auch dies ist ein Beispiel für eine gute Konstitution.

!

Gesundhetliche Probleme, Krankheiten oder Beschwerden entstehen erst dann, wenn ein beliebiges Dosha sich aufgrund von krankmachenden Faktoren übermäßig vermehrt!

Beispiel eines Pittatyps

Stellen wir uns zur Veranschaulichung einen gesunden Pittatyp, Herrn P., vor (Diagramm 2). Als selbständiger Unternehmer ist er es gewohnt, sich große Leistungen abzuverlangen. Mit viel Energie und großer Dynamik arbeitet er meist erfolgreich an seinen Verkaufsprojekten. In letzter Zeit hat Herr P. jedoch enige gesundheitliche

Belastungen bei sich bemerkt, unter denen er vor einigen Jahren schon eimal litt. Er verspürt jetzt wieder nach den Mahlzeiten einen gewissen Magendruck, er empfindet des öfteren eine leichte Übelkeit, und ihm fallen zunehmende Konzentrationsstörungen auf. Bei einer Routineuntersuchung stellt der Arzt eine fortgeschrittene Magenschleimhautentzündung fest.

Nachdem Herrn P. diese Diagnose mitgeteilt worden ist, beginnt er, nach den Ursachen dieser akuten Beschwerden zu suchen, von denen er geglaubt hatte, sie seien nach dem letzten Krankenhausaufenthalt für immer ausgeheilt.

Zurückblickend stellt er fest, daß die letzten Wochen sehr arbeitsreich waren. Da einige Angestellte im Urlaub waren, sah sich Herr P. als verantwortungsbewußter Firmeninhaber gezwungen, nach Feierabend fast täglich unerledigte Akten mit nach Hause zu nehmen, um das höhere Arbeitspensum bewältigen zu können. Jetzt fällt ihm auch auf, daß er weit mehr Kaffee anstelle seines gewohnten Tees getrunken hatte, seitdem vor einiger Zeit eine Kaffeemaschine im Betrieb aufgestellt worden war.

Was war geschehen?

Bei Herrn P. hatte sich eine Störung des Pittadoshas eingestellt! Das ohnehin bei ihm dominante Pittadosha war durch den pittaverstärkenden Kaffeegenuß und den Druck der langen Arbeitszeit aus dem Gleichgewicht geraten und stark angestiegen.

Bei jeder Grundkonstitution kann eine Doshastörung eintreten

In gleicher Weise wie in unserem Beispiel kann sich bei jeder der 7 Grundkonstitutionen eine beliebige Doshastörung durch ein übermäßiges Anwachsen eines Doshas aufbauen.

Auch ein Kaphatyp kann eine Pittastörung zum Beispiel in Form eines juckenden Ekzems bekommen, dieses Zuviel an Pitta müßte dann therapeutisch verringert werden. Ebenso könnte Vata-Pitta-Typ an einem grippalen Infekt – also an einer akuten Kaphastörung – erkranken, die mit Hilfe ayurvedischer Behandlungsmethoden, wie Diät, Heilpflanzen usw., abgebaut werden kann.

!

> Jeder krankhafte Überschuß eines Doshas wird durch ayurvedische Therapiemaßnahmen reduziert, das ursprüngliche Gleichgewicht des Patienten wiederhergestellt, und ein Zusatnd stabiler Gesundheit ist die Folge.

Angestrebt wird eine Ausgewogenheit der Doshas

Angestrebt wird im Ayurveda eine den persönlichen Anlagen entsprechende Ausgewogenheit der 3 Doshas. Die eigentliche Absicht dabei ist die Erlangung völliger persönlicher Freiheit vom Wechselspiel der Doshas.
Solange bei uns irgendwelche Ungleichgewichte der 3 Doshas bestehen – und seien es auch nur geringfügige – solange sind wir nicht wirklich frei, sondern den Wechselwirkungen der Doshas zu einem gewissen Grad ausgeliefert.

> Ayurveda ist die Methodik zum effektivsten Umgang mit diesen Grundbausteinen unserer Persönlichkeit und weist uns den Weg zum Abbau überhöhter und uns krank machender Doshas.

1. Schritt ist die Pulsdiagnose

Der 1. diagnostische Schritt durch den Vaidya, den indischen Ayurvedaarzt, oder den westlichen, in Maharishi-Ayurveda geschulten Therapeuten ist die Ermittlung der aktuellen Doshalage und der Grundkonstitution des Patienten durch *Nadi vigyan* – die Pulsdiagnose.

Der Puls enthält die komplette Information über alle Körperfunktionen

Der Puls enthält die komplette Information über sämtliche Vorgänge in Bewußtsein, Geist, Gefühlen, Organfunktionen und Abweichungen vom natürlichen Zustand.
Der Diagnostiker klärt also ab, ob sich die Doshas des Patienten im Zustand des für ihn optimalen Gleichgewichts befinden.

Technik der Pulsdiagnose

Die Technik der Pulsdiagnose des Maharishi-Ayurveda besteht in einer differenzierten Tastung des handgelenknahen Arterienpulses mit Zeige-, Mittel- und Ringfinger des Behandlers.

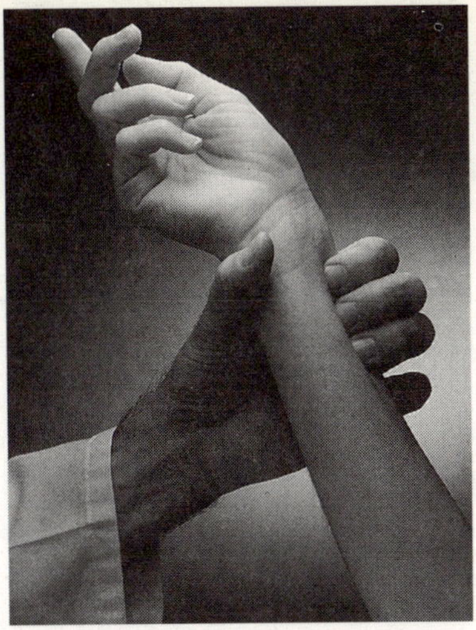

Pulsdiagnose

Die Doshas manifestieren sich auch im Puls

Die Pulsdiagnose basiert auf der Tatsache, daß sich die Doshas überall im Körper, also auch im Puls, manifestieren. Vata ruft beim Diagnostiker die Empfindung einer sich schlangenartig bewegenden Energie hervor. Pitta macht sich bemerkbar durch einen hüpfenden, kraftvollen Pulssschlag, der an einen springenden Frosch erinnert, und Kapha äußert sich durch einen sanften, vollen Puls, der Ähnlichkeit mit dem Gleiten des Schwans im Wasser hat.

Ein Pitta-Kapha-Typus, also eine Person, deren Körperbau, Energiepotential, Aussehen und Reaktionsweisen die Eigenschaften von Kapha und Pitta miteinander vereinigen, würde als gesund bezeichnet werden können, wenn er die positiven Merkmale beider Doshas, wie Ausdauer, hohes Niveau an Energie, innere Ruhe und Gelassenheit oder gutes Sprachvermögen aufweist. Dies erkennt der Pulsdiagnostiker am Vorhandensein eines gesunden Maßes von Kapha und Pitta im Puls des Patienten.

Anderenfalls wäre der geübte Diagnostiker in der Lage, bei diesem Patienten beispielsweise eine Magenübersäuerung in der Gestalt eines überhöhten Pittas, eine Mandelentzündung als akute Kaphastörung oder chronische Schlaflosigkeit als Ausdruck eines überhöhten Vata-Doshas zu erkennen.

Subdoshas sorgen für die Feinregulierung aller energetischen Abläufe

Ein besonders differenzierter Bestandteil der Pulsdiagnose ist die Beurteilung der *Subdoshas* des Patienten. Diese Unterdoshas sorgen für die Feinregulation aller energetischen Abläufe in Körper und Geist. Man unterscheidet 15 Subdoshas, deren Zustand beispielsweise Auskunft gibt über die Herztätigkeit, den normalen Ablauf von Denkprozessen, die Stabilität der Wirbelsäule, die Intensität der Verdauungsprozesse oder die Funktionstüchtigkeit von Eliminations- und Ausscheidungsfunktionen.

Der Ayurveda kann Verbesserungsmöglichkeiten für die Gesundheit aufzeigen

Der Maharishi-Ayurveda ist aufgrund seiner Universalität in der Lage, Verbesserungsmöglichkeiten für den Gesundheitszustand jedes Patienten aufzuzeigen, dabei ist es gleichgültig, ob es sich um ein latentes Vorstadium einer Erkrankung handelt, bereits deutliche Krankheitssymptome vorliegen oder bereits ein Zustand guter Gesundheit besteht und eine Behandlung nur zum Zweck der Optimierung des gesundheitlichen Status und des damit verbundenen Wohlbefindens durchgeführt werden soll.

Über 20 Therapieansätze

Zu diesem Zweck stehen im Maharishi-Ayurveda über 20 Therapieansätze zur Verfügung, darunter finden sich Behandlungsmethoden, die der Patient selbst ergreifen kann, andere, in denen eine Schulung möglich ist, und schließlich solche, die nur während eines Klinikaufenthalts angewendet werden können.

Bevor wie diese Aspekte beleuchten, besteht im folgenden Kapitel für den Leser zunächst einmal die Möglichkeit, sich selbst durch einen einfachen Test einen Eindruck von seiner persönlichen Konstitution zu verschaffen.

Der Tridoshatest

Die Ermittlung der genauen aktuellen Verteilung der 3 Doshas in der Physiologie des Patienten ist mit Hilfe der Pulsdiagnose durch einen in Maharishi-Ayurveda ausgebildeten Behandler möglich. Ein schriftlicher Test, wie er hier wiedergegeben ist, kann nur Tendenzen aufzeigen und dem Leser die ungefähre Einschätzung seiner eigenen Konstitution erlauben. Zu bedenken ist dabei, daß zum Beispiel im Falle eines vorherrschenden Pittaergebnisses des Tests dies ein Indiz für eine deutliche Pittakonstitution sein kann, andererseits aber auch auf eine Pittastörung, also auf ein unnatürlich überhöhtes Pitta hinweisen kann.

Der Test kann nur Tendenzen aufzeigen

Eine vorrangige, angeborene Pittaveranlagung bezeichnet der Ayurveda als *Pittaprakriti* – es handelt sich dann um den für die betreffende Person gesunden, da natürlichen Dominanzzustand dieses Doshas.

Pittaprakriti

Treten pittabezogene Krankheitssymptome auf, wie wiederkehrende Magenschleimhautentzündung, starkes Schwitzen, entzündliche Hauterkrankungen usw., ist Pitta krankhaft vermehrt; diese Situation nennt der Ayurveda *Vikriti* – eine akkumulierte Pittavermehrung, die abgebaut werden sollte.

Vikriti

Führen Sie den Test in einem ausgeruhten Zustand durch, und lassen Sie sich genügend Zeit dabei.

Geben Sie zu jeder der folgenden Aussagen eine eigene Wertung zwischen 0 und 2 ab.

Wertung

0: Die Aussage trifft nicht auf mich zu

1: Das Gesagte trifft etwas oder manchmal auf mich zu

2: Diese Aussage trifft genau oder stark auf mich zu.

Betrachten Sie beispielsweise die Frage 1, dann beurteilen Sie, ob Ihr Haar eher trocken, spröde oder stumpf ist mit 0, wenn es in keiner Weise trocken oder stumpf ist, mit 1, wenn es Ihnen manchmal, z. B. im Winter oder nach dem Haarwaschen, trocken erscheint, und mit 2, wenn Ihr Haar meistens zu Trockenheit neigt.

Zählen Sie am Schluß die Gesamtpunktzahl jedes Doshas zusammen. Addieren Sie also alle Punkte, die Sie unter V = Vata erreicht haben, und vergleichen Sie sie mit den Ergebnissen für P = Pitta und K = Kapha.
Erreicht ein Dosha einen hohen Wert und sind die beiden anderen Werte niedrig, so liegt bei Ihnen mit hoher Wahrscheinlichkeit eine entspechende Dominanz des entsprechenden Doshas vor. Sind zwei der Summen hoch, ist anzunehmen, daß diese 2 Doshas bei Ihnen überwiegen. Auch der Fall, daß alle 3 Ergebnisse etwa gleich hoch sind, ist denkbar, gehen Sie dann davon aus, daß in Ihrem Fall ein gleich starkes Vorhandensein aller 3 Doshas gegeben sein könnte. Im folgenden Kapitel werden wir darauf eingehen, wie solche vorherrschenden Doshas verringert werden können.

1. Mein Haar ist eher
   - V: trocken, manchmal spröde oder stumpf;
   - P: rötlich oder blond;
   - K: gewellt, dick, voller Spannkraft.
2. Meine Kopfhaut neigt zu
   - V: Trockenheit oder Schuppenbildung;
   - P: normaler Beschaffenheit, weder trockene noch fettige Kopfhaut;
   - K: Fettigkeit.
3. Mein Gesicht und meine Gesichtshaut sind
   - V: manchmal blaß, ich neige zu Ringen unter den Augen;
   - P: rötlich oder bronzefarben, gut durchblutet, gerötet, oder ich neige zu Sommersprossen;
   - K: meist blaß, ich neige zu geschwollenen Unterlidern, besonders nach längerem Schlaf.
4. Meine Hautoberfläche ist vorwiegend
   - V: trocken;
   - P: zart und sensibel;
   - K: dick, weich.
5. Wenn ich meine Augen im Spiegel betrachte, sind sie
   - V: eher klein, eventuell mit kurzen Lidern;
   - P: klar; mein Blick ist scharf und intensiv, vielleicht sogar stechend;
   - K: groß, ruhig, klar.
6. Nase und Ohren neigen eher zu
   - V: einer gewissen Unregelmäßigkeit;
   - P: gerader, exakter Ausprägung;
   - K: Fleischigkeit oder Fülle.

7. Meine Zähne sind
   V: gekrümmt, unregelmäßig, eventuell trat schon früh Karies auf;
   P: gelblich gefärbt;
   K: groß, stabil.
8. Meine Zunge
   V: zeigt Risse auf ihrer Oberfläche;
   P: ist einfach rot oder bräunlich belegt;
   K: weist einen weißlichen Belag oder klebrigen Speichel auf.
9. Öfters im Jahr leide ich unter
   V: Kopfschmerz;
   P: Migräne;
   K: Schleimhautaffektionen, wie Nasennebenhöhlenreizungen, Schnupfen, verstopfter Nase, Benommenheit.
10. Mein Schlaf ist gewöhnlich
   V: unruhig oder oberflächlich, ich wache leicht auf;
   P: tief;
   K: tief und ich schlafe gern lang.
11. Ich habe eine Tendenz zu folgenden Erkrankungen
   V: Verdauungsstörungen, wie Völlegefühl, eventuell auch nervöser Art;
   P: Magenschleimhautreizungen, Sodbrennen;
   K: Bronchitis, Hustenreiz.
12. Meine Verdauung
   V: ist unregelmäßig, ich esse zu unregelmäßigen Zeiten, manchmal habe ich Hunger, öfter kaum Appetit;
   P: ist offenbar ausgezeichnet: ich kann essen, was ich will, ich vertrage es;
   K: ich verdaue langsam, wenn ich zuviel zu mir nehme, werde ich schnell dick.
13. Meine Körpertemperatur ist vorwiegend
   V: kühl, die Handflächen neigen zu Trockenheit und Rissigkeit;
   P: warm, Hände und Füße sind gerötet und gut durchblutet;
   K: kühl, bei eher dicker, blasser Haut.
14. Meine Gelenke
   V: stehen stellenweise etwas hervor;
   P: sind durchschnittlich kräftig;
   K: sind, im Vergleich zu denen anderer Menschen stabil gebaut.
15. Ich bewege mich vorwiegend
   V: schnell, hektisch;

P: mit einem durchschnittlichen Tempo, zielstrebig, mit einem festen Schritt;

K: langsam, behäbig.

16. Meine emotionale Veranlagung würde ich so charakterisieren:

V: Geistig bin ich wach, beweglich, manchmal etwas zerstreut;

P: in meinen Vorhaben bin ich entschlossen und zielgerichtet;

K: ich würde mich eher als einen gemütlichen Typ bezeichnen.

17. Wettereinflüsse::

V: Mir mißfallen Wind und Kälte;

P: ich kann extreme Sommerhitze nicht gut leiden und schwitze schnell;

K: feuchte Kälte und Nebel mag ich nicht.

18. Straßenverkehr:

V: Beim Autofahren bin ich schreckhaft und reagiere schnell.

P: Auf der Autobahn fahre ich gern zügig, ich möchte frühzeitig am Ziel ankommen.

K: Ich bleibe im Verkehr meinen Prinzipien treu und fahre mit Bedacht.

19. Kommunikation:

V: Bei Unterhaltungen bin ich manchmal verunsichert, manchmal spreche ich hastig.

P: In Gesprächen bin ich gern tonangebend, liebe Logik und sinnvolle Gespräche.

K: Im Gespräch mit anderen bleibe ich ruhig und gesetzt und engagiere mich meist nicht übermäßig

20. Leistungsfähigkeit:

V: Im Laufe des Tages wechseln meine Stimmungen häufiger, mein Energieniveau schwankt.

P: Ich plane meine Tagesaktivität so, daß ich meine Zeit effektiv verbringe.

K: Ich fühle mich von morgens bis abends mehr oder weniger stabil, meine Leistungsfähigkeit ist eher ausgeglichen

21. Emotionale Stabilität:

V: Überraschungen, Neuigkeiten und schlechte Nachrichten verunsichern mich leicht.

P: Die Geschehnisse des Tages verarbeite ich mit Hilfe meiner Logik.

K: So leicht bringt mich nichts aus der Ruhe.

22. Gewohnheiten:

V: Ich liebc dicAbwcchslung.

P: Herausforderungen spornen mich besonders an.

K: Ich lege besonderen Wert auf Bequemlichkeit und einen gewissen Komfort.

23. Vorlieben für Farben:

V: Meine Lieblingsfarbe ist ein sattes Grün.

P: Ich ziehe Königsblau vor.

K: Ich bevorzuge intensive rote Farben.

24. Bei Mahlzeiten

V: bin ich manchmal mit den Gedanken abwesend und esse schnell;

P: esse ich nicht zu schnell oder zu langsam, aber neige dazu, zuviel zu mir zu nehmen;

K: esse ich langsam, ich lasse mir Zeit beim Essen.

25. Träume:

V: In meinen Träumen gibt es unruhige Phasen, mit plötzlichen Ereignissen und schnellem Wechsel der Szenerie.

P: Meine Träume enthalten Momente von Anspannung, Auseinandersetzung oder Gewalt.

K: Ich habe öfter angenehme und ruhige Träume.

26. Meine Stimmungen

V: wechseln schnell, vielleicht bin ich etwas sprunghaft;

P: ich beobachte bei mir intensive Vorlieben oder Abneigungen;

K: ich denke, daß ich eher ausgeglichen bin, und ärgere mich nicht so schnell.

27. Fühle ich mich angegriffen oder bedroht, reagiere ich

V: ängstlich und verunsichert;

P: ärgerlich, indem ich nach überzeugenden Gegenargumenten suche;

K: ich bleibe zunächst ruhig und reagiere nicht überschnell.

28. Folgende Arten zu sprechen kenne ich von mir:

V: schnell, ich wechsle häufig von einem Thema zum nächsten, einfallsreich:

P: logisch, gut durchdacht, konsequent;

K: langsam, ruhig.

29. Diesen Test bearbeitete ich

V: mit einem wiederkehrenden Gefühl der Unsicherheit darüber, ob ich die Frage richtig verstanden und beantwortet habe;

P: ich habe gewisse Schwächen in der Art entdeckt, wie die Fragen im Test formuliert sind, ich selbst hätte die Fragen vielleicht anders formuliert;

K: ich habe alle Fragen Schritt für Schritt beantwortet, ohne mich übermäßig dabei zu engagieren.

Ergebnis für Vata:

Ergebnis für Pitta:

Ergebnis für Kapha:

Arbeiten mit den eigenen Doshas

Wenn Sie bereits Ihre vorherrschenden Doshas durch den Test ermittelt haben, aber auch dann, wenn Sie unter Krankheitssymptomen leiden, die klar für die Störung eines bestimmten Doshas sprechen, ist es ratsam, durch eine Umstellung Ihrer Diät für einige Zeit damit zu beginnen, diese Doshastörung zu beheben.

Umstellung der Diät

Die alten vedischen Seher, erleuchtete Menschen mit einer hochentwickelten Intuition, wußten, daß jedes Element in der Natur Heilkräfte in sich birgt.

Erkenntnis von Charaka

„Es existiert in der Tat nichts im Bereich der Schöpfung, das nicht für Heilungszwecke verwendet werden kann", war die Erkenntnis von Charaka, einem der weitsichtigsten der alten Ärzte. Er bezog sich damit auf die Tatsache einer unbegrenzten Wechselbeziehung zwischen allem, was im Kosmos vorhanden ist.

Was man über die Sinne aufnimmt, führt zu Veränderungen

Was immer ich über die Sinne wahrnehme, hat einen Einfluß auf mich und führt zu einer Veränderung in meinem Körper und Geist. Alles in der Welt der Phänomene setzt sich zu einem unterschiedlichen Prozentsatz aus den Grundbausteinen des Universums (Feuer, Wasser, Erde, Luft und Raum) zusammen. So enthalten auch Pflanzen und Nahrungsmittel diese Grundelemente, die sich in ihnen als die 3 Doshas Vata, Pitta und Kapha ausdrücken.

Auch Pflanzen enthalten die Grundelemente

Vata besteht aus Luft und Raum und erscheint uns daher als leicht, subtil, beweglich, klar und trocken. Wann immer wir diese Eigenschaften an einem Gegenstand, einem Lebewesen oder einer Pflanze erkennen, verkörpert dieser Gegenstand oder das Lebewesen Anteile des Vataelements.

Laßt eure Nahrungsmittel eure Heilmittel sein

Nach der hippokratischen Devise „*Laßt eure Nahrungsmittel eure Heilmittel sein*“ reichern die in den Nahrungsmitteln enthaltenen Eigenschaften unseren Körper mit eben diesen Eigenschaften an, während zuwiderlaufende Kräfte im Organismus verringert werden. Nirgendwo werden diese Erkenntnisse so praxisnah und verständlich genutzt, wie im Maharishi-Ayurveda.

Gemüse mit hohem Vataanteil

Gemüsesorten mit einem hohem Vataanteil sind demzufolge Kohlsorten wie Blumenkohl oder Brokkoli mit ihrer luftigen, leichten und differenzierten Beschaffenheit. Gerade diese Gemüsearten erzeugen eher Blähungen und Völlegefühl als andere Speisen, da sie das Vata-, also Luftelement sowohl im Dickdarm als auch in der gesamten Physiologie verstärken.

Weitere, stark vatamehrende Gemüsesorten sind generell rohes Gemüse, Kartoffeln, Erbsen und Bohnen und alle Lebensmittel mit bitterem, herbem oder scharfem Geschmack.

Nahrungsmittel mit viel Vatadosha meiden

Der Kunstgriff des Ayurveda – ein erhöhtes Vata im Körper zu vermindern – ist, jene Nahrungsmittel, die viel Vatadosha enthalten, einfach für einige Zeit aus dem täglichen Ernährungsplan zu streichen. Lebensmittel, die Pitta und Kapha verstärken, bevorzugt man so lange, bis Vata reduziert ist und die Doshas auf diese Weise wieder den Zustand des gesunden Gleichgewichts aufweisen.

Gemüse mit hohem Pittaanteil

Wenn wir dieses Schema auf Pitta anwenden, finden wir, daß neben allen scharfen Gewürzen und sauren Lebensmitteln solche Gemüsearten dazu neigen, Pitta zu vermehren, die „heiß“, salzig oder reizend sind. Dazu zählen insbesondere Peperoni, Zwiebeln, Knoblauch, Radieschen, aber auch Spinat und Tomaten.

Kaphaverstärkende Gemüse

Kaphaverstärkend wirken sich süße, gehaltvolle und sehr nahrhafte Gemüse aus, wie Zucchini, Süßkartoffeln, Okra und Gurken und unter den Geschmacksrichtungen die süßen, sauren und salzigen.

Ausgleich der gestörten Doshas

Folgende Nahrungsmittel vermindern Vata und wirken sich so allgemein beruhigend aus. Sie helfen, ein übererregtes Nervensystem zu stabilisieren, und werden zum Beispiel solchen Patienten empfohlen, die Schwierigkeiten mit dem Einschlafen oder Durchschlafen haben, sofern dies auf einer Vatastörung beruht:

Nahrungsmittel, die Vata vermindern und allgemein beruhigend sind

- warmes, gut gekochtes, fetthaltiges Essen,
- Weizen, Reis,
- gelbe Mungbohnen,
- Zucchini, Okra, Artischocken, Spargel, Auberginen, Karotten, Süßkartoffeln, Tomaten, Gurken, Sellerie, Spinat in kleinen Mengen,
- alle Milchprodukte, nur frischer Weichkäse,
- alle Zuckersorten außer raffiniertem Zucker,
- alle Ölsorten, besonders Olivenöl und geläuterte Butter,
- alle Nüsse außer Erdnüsse,
- alle Gewürze, scharfe Gewürze in geringen Mengen,
- reife, süße und saftige Früchte, wie Orangen, Mango, Papayas, Bananen, Avocado, Äpfel, Datteln, Rosinen, Pflaumen, Feigen, Kiwi, Pfirsiche, Aprikosen.

Vatapersonen oder solche, bei denen eine Vatastörung vorliegt, sollten folgende Speisen meiden:

Nahrungsmittel, die von Vatapersonen gemieden werden sollten

- zu leichtes und trockenes Essen,
- kalte Speisen und Getränke,
- scharfe, bittere und herbe Nahrung,
- Gerste, Mais, Hirse, Roggen, Hafer,
- alle Bohnen außer gelbe Mungbohnen und rote Linsen,
- Brokkoli, Blumenkohl, Sprossen, grünes Blattgemüse, gelben Kürbis, Erbsen, Sellerie, Kohl,
- unreifes Obst, Cashewnüsse, Chicorée,
- vermeiden Sie besonders kohlensäurehaltiges Mineralwasser, Kaffee oder schwarzen Tee im Übermaß, besonders am Nachmittag und Abend (grüner, unfer-

mentierter Tee ist weniger belastend für Vatapersonen), Nikotin.

Nahrungsmittel, um Pitta zu reduzieren

Will man Pittadosha reduzieren, wählt man folgende Speisen und bevorzugt diese so lange, bis die Symptome des überhöhten Pittas verschwunden sind:

- nicht zu heißes Essen, lauwarme Getränke,
- Speisen mit süßem, bitterem und herbem Geschmack,
- Weizen, Reis, Gerste, Hafer,
- gelbe Mungbohnen, Sojaprodukte, Kidneybohnen,
- Spargel, Artischocken, Okra, weißen Kürbis, Zucchini, Chicorée, Blumenkohl, grüne Bohnen, Sellerie, Süßkartoffeln, Erbsen, Sprossen, Salat,
- geläuterte Butter, Milch, Butter, süße Buttermilch, Sahne, Streichkäse,
- weißen Kandiszucker,
- Kokosnußöl, Olivenöl, Sonnenblumenöl,
- Koriander, Kreuzkümmel, Ingwer, Gelbwurz, Safran, Fenchel, Zimt, Kardamom in kleinen Mengen,
- Cashewnüsse, Bananen, Avocado, Mango, Kokosnuß, Melonen, Äpfel, Rosinen, Datteln, Aprikosen, Orangen, Kiwi.

Vermeiden sollten Sie im besonderen:

- scharfe, saure oder salzige Nahrung,
- Hirse, Mais, Buchweizen, Roggen,
- Tomaten, Karotten, Zwiebeln, besonders rohe, Paprikaschoten,
- Sauermilchprodukte, Joghurt, gelben Schnittkäse, salzige Butter, Quark, Sauerrahm,
- Mandel- und Sesamöl,
- braunen Zucker,
- alle Nüsse außer Kokosnuß,
- scharfe Gewürze, besonders Chili, Cayennepfeffer, Senfsamen, Nelken, Bockshornklee,
- Grapefruit, Oliven, saures Obst wie Preiselbeeren und flaumen,
- chemische Stoffe, wie Arzneimittel, Nikotin oder hochprozentiger Alkohol sind besonders ungünstig für Pittaindividuen, diese Substanzen verschlimmern

schnell das Pittadosha; anstelle von Kaffee und schwarzem Tee ist Jasmintee besser geeignet.

Günstige Nahrungsmittel für Kaphatypen

Für den Kaphatyp sind die folgenden Nahrungsmittel gut geeignet:

- leichte, trockene und warme Speisen,
- alle Lebensmittel mit scharfem, bitterem und herbem Geschmack,
- alle Getreidesorten, für den Kaphatyp sollten sie möglichst mindestens 1 Jahr gelagert haben,
- alle Arten von Bohnen und Linsen, aber keine Sojabohnen,
- Spargel, grünes Blattgemüse, Artischocken, Kartoffeln, Karotten, Kohl, Brokkoli, Sellerie, Zucchini, weißer Kürbis, Tomaten, Erbsen, Sprossen und Keime, Okra,
- Buttermilch, fettarme Milch, wenig geläuterte Butter,
- süßen Sie ausschließlich mit Honig,
- Senföl, Sesamöl, Maisöl, alle nur in geringen Mengen,
- Sonnenblumen- und Kürbiskerne,
- alle Gewürze, jedoch nur wenig Salz, kleine Mengen Zitronensaft,
- Granatäpfel, Cashewnüsse, Grapefruit, Pfirsiche, Rosinen, Preiselbeeren, Datteln, Äpfel, Papayas.

Nahrungsmittel, die von Kaphatypen gemieden werden sollten

Meiden Sie:

- große Essensmengen und Essen später am Abend,
- ölige, kalte, schwere Nahrung,
- Nahrungsmittel mit süßem, saurem und salzigem Geschmack,
- nichtgelagerten Reis und Weizen,
- Sojaprodukte,
- Wurzelgemüse,
- Joghurt, Sahne, Butter, Milch,
- Zuckerarten außer Honig,
- Nüsse,
- zuviel Salz,
- Avocados, Bananen, Orangen, Melonen, Mango, Kokosnüsse, Pflaumen, Aprikosen,

- Hüten Sie sich vor allem vor zu süßer, kalorienreicher Nahrung

Bei chronischen Beschwerden sollte diese Diät eingehalten werden

Beachten Sie bitte, daß es tatsächlich praktikabel sein kann – z. B. bei immer wiederkehrenden oder hartnäckigen chronischen Beschwerden –, konsequent mit diesen Diätempfehlungen zu arbeiten. Stellen Sie bei sich selbst keine großen Dosha-Ungleichgewichte fest, und fühlen Sie sich generell gesund, favorisieren Sie einfach die Nahrungsmittel, die Ihrem Hauptdosha angemessen sind, ohne alle Lebensmittel, die bei den anderen Typen genannt sind, gänzlich zu meiden.

Mischkost bei Drei-Dosha-Konstitution

Verfügen Sie über eine Drei-Dosha-Konstitution, nehmen Sie uneingeschränkt eine Mischkost aus allen Sparten zu sich.

Appetit ist der Wegweiser zur Gesundheit

Denken Sie immer daran, daß Ihr Appetit Ihr Hauptwegweiser zur Gesundheit ist: Das unverfälschte Gefühl, das in uns eine Neigung zu bestimmten Lebensmitteln weckt, während wir andere spontan ablehnen, entspringt der inneren „Körperintelligenz“, die diesen natürlichen Impuls als Ausdruck endogener Regulationsmechanismen auslöst, um einen ausgewogenen Gesundheitszustand wiederherzustellen.

Allgemeine Empfehlungen zum Ausgleich der Doshas

> Gehen Sie nicht gegen ein Dosha oder eine Störung vor, sondern arbeiten Sie für eine Verbesserung. Unterdrücken Sie nicht die Äußerungen eines Doshas, sondern seien Sie einfach bereit, eine Veränderung zuzulassen.

Vata: Regelmäßigkeit, konsequent sein, Pausen einlegen, sich bewußt ausruhen.

Pitta: Druck loslassen, Freiheit erfahren, spielerische Freude lernen.

Kapha: Aktivität leben, die Bindung an Besitz und Einstellungen aufgeben, auf Trägheit verzichten.

Vatapersonen

Sprunghaftigkeit ist typisch

Für sie ist Regelmäßigkeit ein wichtiges Stichwort, denn ihre Sprunghaftigkeit führt Vataindividuen oft dazu, unregelmäßig zu essen oder zu spät schlafen zu gehen. Aufgrund ihrer Spontanität neigen sie dazu, einmal begonnene Arbeiten abzubrechen, oder sie lassen sich schnell von ihren Aufgaben ablenken.

Konsequent sein und Pausen einlegen

Deshalb sollten sie auch darauf achten, in allem konsequent zu sein, Pausen einzulegen, und lernen, sich bewußt auszuruhen, wenn auch nur leichte Müdigkeitserscheinungen auftreten.

Regelmäßige Mahlzeiten

Eine feste Tagesstruktur mit regelmäßigen warmen Mahlzeiten führt bei ihnen schnell zu größerem innerem Gleichgewicht, Stabilität und Leistungsfreude.

Sie sollten nach der ayurvedischen Tagesroutine leben

Vatapersonen tun gut daran, sich mit der ayurvedischen Tagesroutine *(Dhinacharya)* genau vertraut zu machen. Diese Menschen haben den größten Nutzen von der regelmäßigen Praxis der transzendentalen Meditation und dem täglichen Hören der ayurvedischen „Heilmusik" Gandharva.

Keine sportlichen Übertreibungen

In sportlicher Hinsicht ist es gut für sie, sich vor Übertreibungen zu schützen. Spazierengehen, Radfahren, Tischtennis und Schwimmen sind neben Yogaübungen die bestgeeigneten körperlichen Tätigkeiten für den Vatatyp.

Pittapersonen

Neigen dazu, über das Ziel hinauszuschießen

Pittaindividuen oder Menschen mit einem Zuviel an Pittadosha neigen dazu, in ihren Aktivitäten über das eigentliche Ziel hinauszuschießen. Die berufliche Aufgabe, der Gelderwerb oder der Bau des neuen Hauses werden schnell zum Selbstzweck, an dessen Perfektionierung der Pittatyp unter Einsatz aller seiner Kräfte arbeitet. Auch von anderen erwartet er vielfach den gleichen Ehrgeiz. Wichtige Aspekte von Muße, Regeneration und Entspannung kommen bei ihm dann oft zu kurz. Er ist die Persönlichkeit, die am Ende eines äußerst arbeitsreichen und materiell meist erfolgreichen Lebens zurückblickt und sich fragt: „Wofür habe ich das eigentlich alles getan?"

Transzendentale Meditation

Die Ausübung der transzendentalen Meditation weckt beim Pittatypen sein vollständiges Potential an nahezu unbegrenzter Schaffenskraft im Verbund mit der Erfahrung tiefer innerer Stille.

Dynamische Sportarten

Sportarten für den Pittatyp sind solche, die Dynamik und die Möglichkeit zu gewinnen beinhalten, wie Tennis, Wettkämpfe, Fußball oder Reitsport. Bei allem sollte der Pittatyp das eigentliche Ziel, nämlich größere Ausgewogenheit, körperliche Flexibilität und zunehmende Belastbarkeit, nicht aus den Augen verlieren. Es verändert sein Lebensgefühl, wenn er lernt, alle seine Aktivitäten unter einem spielerischen Aspekt zu sehen und sie leichter zu nehmen.

Kaphapersonen

Kaphatypische Themen

Aktivität leben, Loslassen von Besitzdenken und von überkommenen Einstellungen, Stagnationen überschreiten – dies sind Themenbereiche, die häufig eine Affinität zu Kaphatypen und im besonderen zu Menschen mit Kaphastörungen haben.

Das stabile, unveränderliche und erdbezogene Kaphadosha hat über die Geist-Körper-Verbindung eine Entsprechung zu einer Lebensweise, die auf „Aufnahme" von Nahrung, Gegenständen, finanziellen oder materiellen Ressourcen aller Art oder den passiven Konsum von vergnüglichen Lebensaspekten ausgerichtet ist. Im Falle einer Störung, also bei einem überwiegenden kaphadominierten Verhalten, entsteht im Laufe der Zeit eine Ein-

Schädliche Einseitigkeit

seitigkeit, die nicht förderlich ist für die Gesundheit und die Lebensfreude des Individuums.

Intensiver Sport

Intensiverer Sport ist eine Möglichkeit für den Kaphatypen, den „Dynamikpol" seines Lebens wieder zu erfahren. Tennis, Bergwandern, Rudern oder täglicher Leistungssport tun ihm dabei sehr gut.

Meditierende Kaphapersonen berichten regelmäßig, daß die transzendentale Meditation bei ihnen dazu führt, daß sich neue Energien, Gedanken und Ideen einstellen, deren Umsetzung im Alltag nicht nur viel Freude macht, sondern den ruhigen Kaphatypen zu neuen Anregungen und Impulsen und zum stärkeren Austausch mit anderen führt.

140 durch Vata-, Pitta- oder Kaphastörungen verursachte Erkrankungen

In seinem Grundlagenwerk des Ayurveda beschreibt die Charaka-Samhita etwa 140 Krankheitsbilder, von denen 80 durch ein gestörtes Vatadosha verursacht werden, 40 werden auf Pittastörungen zurückgeführt, und 20 entstehen durch ein Übermaß an Kapha. Obwohl theoretisch jede beliebige Krankheit ihren Ursprung in einer ursächlichen Imbalance eines jeden der drei Doshas haben kann, können doch aufgrund von Erfahrungswerten Standardaussagen gemacht werden. Jede Art der Behandlung einer dieser 140 Krankheiten kann durch die entsprechende Dosha-reduzierende Diät, wie sie im vorigen Kapitel beschrieben wurde, begleitet werden.
Bei den folgenden 81 akuten, chronischen oder angeborenen Erkrankungen wird von Charaka eine *Vatastörung* als Ursache genannt (wir geben hier die Übersetzung des Originaltextes der Charaka-Samhita wieder, um die Genauigkeit der Beobachtung der Symptome und die medizinische Wissenschaftlichkeit dieses über 2000 Jahre alten Werkes zu dokumentieren):

- brüchige Nägel
- knackende Fußgelenke
- schmerzende Füße
- Spitzfuß
- Taubheitsgefühl der Füße
- Klumpfuß
- steife Knöchelregion
- Wadenkrämpfe
- Ischialgie
- Genu varum und valgum (2 Fehlstellungen der Beine; Anm. des Verf.)
- Steifigkeit der Schenkel

- schmerzende Schenkel
- Querschnittslähmung
- Mastdarmvorfall
- schmerzhafte Krampfzustände
- Hodenschmerz
- Spannungen im Unterleib
- Spannung in der Leistengegend
- Schmerzen im Beckenbereich
- Durchfall
- Vata, das sich im Körper aufwärts bewegt und mangelhafte Darmbewegung hervorruft (wie bei Verstopfung)
- Lahmheit
- Buckelbildung
- Zwergwuchs
- Arthritis des Kreuzbein-Darmbein-Gelenks
- steifer Rücken
- Brustschmerz
- Kolikschmerz im Unterbauch
- verlangsamter Herzrhythmus
- beschleunigte Herzfrequenz
- Reibeschmerz in der Brust
- verringerte Beweglichkeit des Brustkorbs
- stechender Brustschmerz
- Auszehrung der Arme
- Nackensteifigkeit
- „Schiefhals“ (ein sehr schmerzhafter Zustand der Nacken- und Halsmuskulatur mit eingeschränkter Beweglichkeit; Anm. des Verf.)
- Rauhigkeit der Stimme
- Schmerzen im Kiefer
- Schmerzen in der Lippe
- Schmerzen im Auge
- Zahnschmerz
- wackelnde Zähne, Parodontose
- Sprachstörungen
- lallende Sprache
- das Auftreten eines zusammenziehenden Geschmacks im Mund
- Mundtrockenheit
- Ageusia (Geschmacksverlust)

- Verlust des Geruchsvermögens
- Ohrenschmerz
- Tinnitus (auffällige Ohrgeräusche; Anm. des Verf.)
- Schwerhörigkeit
- Taubheit
- Vorfall der Augenlider
- eingezogene Augenlider
- Amaurosis (Erblindung)
- drückender Schmerz in den Augen
- Augapfelvorfall
- Augenbrauenvorfall
- Schmerzen der Schläfenregion
- Schmerzen in der Stirn
- Kopfschmerz
- Schuppenbildung der Kopfhaut
- Gesichtslähmung
- Monoplegie (Gliederlähmung)
- Polyplegie (vollständige Lähmung)
- Hemiplegie (Halbseitenlähmung)
- Schüttelkrämpfe
- langdauernde tonische Krämpfe
- Ohnmacht
- Schwindel
- Zittern
- Gähnen
- Schluckauf
- Nervenschwäche
- Delirium
- Exsikkose (Austrocknung des Körpers)
- Härte, Strenge des Aussehens
- dunkelrote Erscheinung
- Schlaflosigkeit
- instabiler Geist

40 Erkrankungen durch überhöhtes Pitta:

- Hitzeempfindungen
- beißende Empfindungen
- brennende Empfindungen

- Symptome des „Kochens“
- Symptome als ob etwas „raucht“
- saures Aufstoßen
- Sodbrennen
- brennende Empfindungen im Inneren des Körpers
- brennende Empfindungen in der Schulter
- extreme Körpertemperatur
- starkes Schwitzen
- unangenehmer Körpergeruch
- reißender Schmerz im Körper
- Verschorfung von Blut
- Verhärtungen in Muskeln
- brennende Empfindungen in der Haut
- Aufplatzen der Haut
- Hautjucken
- Nesselsucht (eine allergische Erkrankung mit entzündlichen Reaktionen der Haut; Anm. des Verf.)
- rote Bläschen
- verstärkte Blutungsneigung
- rote Flecken
- Erscheinungen beim Patienten, die eine grünliche Verfärbung aufweisen
- Gelbverfärbungen (z. B. der Augenbindehaut bei Leber-Galle-Belastungen; Anm. des Verf.)
- blaue Muttermale
- Herpeserkrankungen
- Gelbsucht
- Auftreten eines bitteren Geschmacks im Mund
- Blutgeschmack im Mund
- widerlicher Mundgeruch
- extremer Durst
- Gefühle der Unzufriedenheit
- Magenschleimhautentzündung
- Rachenentzündung
- Augenbindehautentzündung
- Entzündung des Enddarms
- Entzündung des Penis
- Blutsturz
- grünliche oder gelbliche Verfärbung von Augen, Urin oder Stuhl

20 Erkrankungen aufgrund von Kaphastörungen:
- nervlich bedingte Appetitlosigkeit und Abmagerung (Anorexia nervosa)
- Schläfrigkeit
- übermäßiger Schlaf
- Schüchternheit
- Schwere des Körpers
- Antriebslosigkeit, Trägheit
- ein süßer Geschmack im Mund
- Speichelfluß
- Auswurf von Schleim
- ungewöhnlich starke Absonderungen von Sekreten
- Verlust von Stärke
- Verdauungsschwäche
- Stauungen in der Nachbarschaft des Herzens
- Stauungen und Verschleimungen in der Kehle
- Verhärtung von Blutgefäßen, Arteriosklerose
- Kropfbildung
- Fettleibigkeit
- Unterdrückung der Verdauungskraft
- Nesselsucht (hat auch Pittaanteile, Anm. des Verf.)
- Blässe
- weißer Urin, Stuhl und weiße Augen

Teilt man diese sehr exakten Angaben in Krankheitsgruppen ein, finden wir bei den Vatastörungen vorwiegend Muskel- und Nervenschmerzen, Krämpfe und krampfartige Zuckungen sowie Lähmungen und Mißbildungen.
Zu den Pittaerkrankungen gehören Entzündungen, Blutungen, Störungen der Verdauung, Leberfunktionsstörungen, brennende Empfindungen sowie starkes Schwitzen und Körpergeruch.
Unter den Kaphakrankheiten dominieren Belastungen der Atemwege, schwache Verdauung, träger Stoffwechsel, Dumpfheit, Trägheit sowie vermehrte Stuhl- und Urinmengen.

Die Körperintelligenz

Spätestens dann, wenn wir krank sind, nehmen wir wahr, daß es in unserem Inneren eine Instanz geben muß, die bestrebt ist, unsere Gesundheit wiederherzustellen.

Sind wir an Grippe erkrankt, wissen wir, daß der 1. Schritt zur Heilung darin bestehen sollte, sich zurückzuziehen und zu ruhen. Gleichgültig, was für Beschwerden wir dabei haben, welche Art von Arzneimitteln wir einnehmen oder welche Injektion der Therapeut verabreicht, immer ist entscheidend, daß wir dem Organismus und unserem Geist genügend Ruhe zukommen lassen, damit eine Regenerierung stattfinden kann.

Bei Grippe sollte man sich zurückziehen

Eine Regenerierung muß stattfinden

> Es ist bemerkenswert, daß wir nichts anderes tun müssen, als zur Ruhe zu kommen, alles andere geschieht durch einen offensichtlich vorhandenen Selbstheilungsmechanismus des Körpers.

Wenn wir bedenken, daß dabei in jeder Sekunde Milliarden von Stoffwechselvorgängen und biochemischen Reaktionen auf der Ebene der DNS, jeder einzelnen Zelle, der Organe, Gewebe und der Nervenfunktionen stattfinden, die so komplex sind, daß wir sie weder überschauen können noch vollständig kennen, so müssen wir sagen, daß wir uns bei einem solchen Heilungsvorgang fast vollständig auf diesen Selbstheilungsmechanismus verlassen.

Wir können uns auf den Selbstheilungsmechanismus verlassen

Ein Beispiel für die ungeheure „natürliche Intelligenz" des Körpers ist das Nervensystem: Kein Computer ist in

Die 50 Mrd. Nervenzellen unseres Gehirns sind eng miteinander vernetzt

der Lage oder wird je fähig sein, die überaus leistungsfähigen bioelektrischen Vorgänge des Gehirns zu imitieren. Die 50 Milliarden Neuronen (Nervenzellen) unseres Gehirns sind jeder „künstlichen Intelligenz" weit überlegen, denn sie sind unglaublich engmaschig miteinander vernetzt. Jedes Neuron steht über die sogenannten Synapsen, die Orte der Reizübertragung von einem Nerv zu einem anderen, mit Tausenden von anderen Nervenzellen in Verbindung. Würde man nur diese Verbindungen eines einzelnen Neurons in einem Buch notieren, ergäbe das schon 40 Druckseiten. Für alle Kontakte des menschlichen Gehirns käme man auf 5 Milliarden Bände mit jeweils 400 Seiten. Im Vergleich dazu fällt der Besitz der Kongreßbibliothek von Washington, einer der größten Bibliotheken der Welt, sehr bescheiden aus: Sie besitzt etwa 20 Millionen Bände.

Das Gehirn verarbeitet Signale weitaus schneller als jeder Computer

Innerhalb dieses neuronalen Netzwerks verarbeitet das Gehirn außerdem Signale etwa 100 Millionen Mal schneller als jeder Computer. In jeder Sekunde kann es 1.000.000.000.000.000.000 (1 Milliarde Milliarden) Rechenoperationen durchführen.

Wir können nie gesund werden, wenn die innere Kraft nicht funktioniert

Was können wir selbst dazu beitragen?

Es ist mehr als überheblich, wenn wir meinen, wir wären die Verursacher eines Heilungsprozesses, indem wir ein paar Vitamine oder Tabletten einnehmen. Niemals und unter keinen Umständen könnten wir je gesund werden, wenn diese koordinierende innere Kraft der Körperintelligenz nicht zu jeder Sekunde unseres Lebens den Zustand von Gesundheit erschaffen und aufrechterhalten würde. Alles, was wir selbst dazu beitragen können, ist, günstige Bedingungen für das Wirken der inneren Heilinstanz zu schaffen, indem wir zur Ruhe kommen, möglicherweise unsere Ernährung für die Dauer der Erkrankung umstellen oder auf die Unterstützung durch einen Heilpraktiker oder Arzt zurückgreifen.

Ein ironisch gemeinter Ausspruch besagt: „Wir glauben nicht an Wunder – wir verlassen uns darauf!"

Aber genau das tun wir, wenn wir uns von unseren täglichen Pflichten zurückziehen, um uns zu regenerieren und den natürlichen Vorgang der Heilung wie selbstverständlich zu erwarten.

Wir sind oft nicht bereit, an dieses Wunder der unbegrenzten Heilkapazität zu glauben

Oftmals sind wir jedoch nicht wirklich bereit, an dieses Wunder der unbegrenzten Heilkapazität unseres inneren Heilers zu glauben, sondern wir ziehen es vor, mehr an das Kranksein zu glauben! Wären wir in der Lage, uns der großen Heilkraft der Natur anheimzustellen, wären Spontanheilungen weit häufiger.

Beispiel eines australischen Ureinwohners

Die amerikanische Ärztin Dr. Marlo Morgan aus Kansas City arbeitete in Australien, als sie von einem Aborigines-Stamm zu einem Treffen eingeladen wurde. In ihrem auch in deutscher Sprache erschienenen Buch *Traumfänger* beschreibt sie ihre authentischen Erlebnisse bei den australischen Ureinwohnern. In einem Kapitel schildert sie eine längere Wanderung mit den Aborigines. Einer ihrer Begleiter, ein etwa 35jähriger Ureinwohner, der „großer Steinjäger" genannt wurde, weil er ein besonderes Talent besaß, wertvolle Opale zu finden, stürzte während des Fußmarsches in einen etwa 6 m tiefen Abgrund. Bestürzt eilte die Gruppe zum Rand der Schlucht und entdeckte ihren Begleiter regungslos in einer Blutlache am Boden der Schlucht liegend. Rasch kletterten einige der Männer hinunter, bildeten eine Art Kette und schafften so den Verletzten nach oben. Die Ärztin begutachtete die Art seiner Verletzungen und diagnostizierte einen komplizierten Bruch der Unterschenkelknochen des einen Beins. Ein deutlich sichtbarer Knochensplitter ragte gute 5 cm aus der schokoladenbraunen Haut des Verletzten heraus.

Die medizinische Versorgung des Verunglückten erfolgte unverzüglich durch einige Stammesmitglieder, die zuerst den Oberschenkel abbanden. Nun begann eine therapeutische Prozedur durch den Medizinmann und eine Heilerin des Stammes, wobei der Schamane seine Hände 2 cm über der Hautoberfläche des verletzten Beines auf und ab bewegte. Die Erläuterung des Zwecks dieser Manipulation durch den Medizinmann war, daß er damit helfen wolle, die ursprüngliche Form des Beines wiederherzustellen. Er sagte, er helfe „dem Gedächtnis der Knochen“ nach, sich an ihre ursprüngliche, gesunde Gestalt wieder zu erinnern. So sollte auch der „Schock“ aufgelöst werden, den der Knochen durch das Zerbrechen erfahren hatte, als er seine innerhalb von 35 Lebensjahren entwickelte Position plötzlich verlassen mußte. Der Heiler „sprach“ buchstäblich mit den Knochen.

Als nächstes begannen die drei Hauptakteure dieses Schauspiels, der Verletzte, der Medizinmann und die Heilerin, gemeinsam, eine Art Gebet zu sprechen, das später in einen Gesang überging. Der Medizinmann hielt dabei das Fußgelenk, die Heilerin das Knie des Verletzten, als aller drei Stimmen sich schließlich zu einem lauten Schrei vereinten. In diesem Moment glitt der ausgetretene Knochenteil offenbar an seinen Platz zurück, obwohl für die in moderner Medizin ausgebildete Ärztin kein Ruck oder irgendeine sonstige Manipulation erkennbar waren. Der Medizinmann hielt daraufhin die klaffenden Hautlappen zusammen, und die Heilerin öffnete ein langes Rohr, das sie stets bei sich getragen hatte. Diesem Rohr entnahm sie eine Masse, die wie schwarzer Teer aussah. Sie benutzte die zähflüssige, glänzende Substanz, um sie großzügig auf dem verletzten Bein des Patienten zu verstreichen, so daß sie gleichsam die Wunde „zubetonierte“. Es gab weder eine Schiene noch einen Verband, Krücken oder Gips.

Jetzt wendete sich die Gruppe den Vorbereitungen für das Abendessen und das Nachtlager zu, während Frau Dr. Morgan den Kopf des Verunglückten auf ihren Schoß bettete, um ihm Trost zuzusprechen.

Die große Überraschung erfolgte am nächsten Morgen, als der große Steinjäger sich von seinem Lager erhob, um die Wanderung mit seinem Stamm fortzusetzen. Dr. Morgan stellte weder eine Gehbehinderung noch ein Hinken oder irgendein Anzeichen von Schmerz bei dem Aborigine fest. Nach 5tägiger strapazenreicher Wanderung begann die schwarze Masse abzufallen und gab nun den Blick frei auf das vor so kurzer Zeit gebrochene Bein.

An der Stelle der Verletzung waren noch einige feine Narben zurückgeblieben, darüber hinaus gab es keine Bewegungseinschränkung oder Schmerzzustände mehr, obwohl die Ärztin das Gewicht des großen Steinjägers auf gute 150 Pfund schätzte.

Was war geschehen?

Was war hier geschehen? Die Ärztin war offenbar Zeugin einer echten Heilung geworden, mit Hilfe der Fürbitte des Stammes hatte es die Körperintelligenz des Eingeborenen vermocht, schwere Strukturveränderungen des Körpers in kürzester Zeit in den Ausgangszustand zurückzuversetzen. Die Aborigines erklärten, daß das dominierende Gemeinschaftsgefühl ihrer Gruppe und ihre geistige Haltung der vollständigen Akzeptanz anderer, der Liebe und der Bereitschaft, vorbehaltlos den anderen zu unterstützen, dazu beitrage, daß solche Heilungen geschehen könnten.

Gründe für die Heilung

Das Verständnis der Heilmechanismen der Natur, das Vertrauen in die Präzision der eigenen Körperintelligenz und die Abkehr vom Glaube an die Unausweichlichkeit von Krankheit und Schwäche führten in diesem Fall zur Genesung.

Meinung der Aborigines über Krankheiten

Die Aborigines, die sich „wahrhaftige Menschen" nennen, sind der Meinung, daß wir nicht einfach willkürlich Krankheiten zum Opfer fallen. Nur über unseren Körper kann unser höheres Bewußtsein mit dem individuellen Bewußtsein, unserer Persönlichkeit, in Kontakt treten. In Krankheiten können sich die Bereiche zeigen, in denen wir nicht im „Fluß" sind, die unsere Körperintelligenz am Ausdruck ihrer innewohnenden Eigenschaften von übersprudelnder Kreativität, Freude und der Manifestation unbegrenzter Möglichkeiten hindern.

Maharishi-Ayurveda

Das gesamte Wissen um Theorie und Praxis des Maharishi-Ayurveda dient der Wiederherstellung des bestmöglichen Kontakts des Individuums zu den unbegrenzten Ressourcen der Körperintelligenz als dem Reservoir an uneingeschränkter Ordnung, Gesundheit und Wohlbefinden.

„Der Weltgeist ist größer, als man denkt" Goethe

Der gesamte mögliche Wahrnehmungs- und Erfahrungsbereich des Menschen

"Der Weg nach innen" – zunehmende Erfahrung feinerer Ebenen des Denkens, wachsende Erfahrung inneren Glücks und verbesserte Gesundheit durch transzendentale Meditation und ayurvedische Therapien.

"Außenwelt" - der Bereich der sichtbaren Phänomene

Der stoffliche menschliche Körper

Organe

Zellen

Zellbestandteile, Organellen

DNS- Erbinformationen in den Strukturen des Zellkerns

Moleküle und Atome

Grundlegende Strukturen der individuellen Persönlichkeit

Entstehung zunehmend grobstofflicherer Manifestationen der Schöpfung aus dem Bereich reiner, kreativer Intelligenz.

Körperintelligenz

Samhita oder reines Bewußtsein

Die Schöpfung ist in Schichten aufgebaut

Die Darstellung zeigt, daß die Schöpfung in Schichten aufgebaut ist. In unserer üblichen Alltagswahrnehmung sehen wir nur die „Spitze des Eisbergs". Wir neigen dazu, zu glauben, unser materieller Körper, unser Verstand, die Dinge unserer Umwelt oder die sichtbaren Objekte der Natur (wie die Bäume, der Mond, das Korn auf dem Feld oder der Schnee im Winter) seien alles, was real vorhanden ist. Dieser „Irrtum des Intellekts" hindert uns daran, die gesamte Fülle der wirklichen Realität zu erfassen.

Unser Bewußtsein kann seinen eigenen Ursprung erfahren

Es ist dem menschlichen Bewußtsein durchaus möglich, seinen eigenen Ursprung, einen in uns liegenden Bereich voller Wachheit, Unbegrenztheit und grenzenloser Energie unmittelbar zu erfahren.

Energetische Stoffwechselaktivität der Organe

Die Basis des grobstofflichen Körpers ist offensichtlich die energetische Stoffwechselaktivität der Organe, dieser liegt der Zellstoffwechsel zugrunde, diesem wiederum die Tätigkeit der „Mikroorgane" der Zellorganellen. Im Zellkern leitet die DNS als befehlsgebende Instanz die Abläufe in der Zelle an, und die DNS selbst wird von einer nichtmateriellen intelligenten Kraft gesteuert und „programmiert“ – der Körperintelligenz. Alle diese Ebenen sind nur Ausdruck eines einzigen, zugrundeliegenden Feldes: der Bereich reinen Bewußtseins oder reiner kreativer Intelligenz, das eigene Selbst.

Das eigene Selbst

Wege des Ayurveda, um Geist und Körper zu integrieren

Um Geist und Körper miteinander zu integrieren und sie mit der machtvollsten Quelle für vollkommene Gesundheit zu verbinden, unserem eigenen Bewußtsein, nutzt der Ayurveda 2 Wege:

1. Durch das regelmäßige Ausüben der transzendentalen Meditation kommen Geist und Körper zur Ruhe. Diese tiefe innere Entspannung wirkt grundlegend regenerierend und erholsam auf die gesamte Physiologie.
2) Maharishi-Ayurveda vermittelt das Know-how, wie Blockaden auf dem Weg zu dieser vollständigen Erfahrung des eigenen Selbst beseitigt werden können, seien es Ungleichgewicht der Doshas, die sich in körperlichen Krankheiten ausdrücken, Fehlfunktionen eines Organs oder des Nervensystems oder unspezifischer Streß, so daß ein optimaler Zustand von Gesundheit entstehen kann.

Ursachen von Doshastörungen

Weshalb werden wir krank?

Wenn wir alle über dieses perfekte „Gesundheitserhaltungssystem“ der Körperintelligenz verfügen, weshalb werden wir dann überhaupt krank, wie ist es möglich, daß die Doshas aus dem Gleichgewicht geraten?
Wir wollen hier einige Auslöser von Dosha-Ungleichgewichten aufzählen:

Ernährungsfaktoren

Der Stoffwechsel kann aus seinem natürlichen Gleichgewicht kommen

Einseitige Ernährung, Bevorzugung von Konservennahrungsmitteln, falsche Ernährungsgewohnheiten und mangelndes Wissen darüber, welche Nahrungsmittel für die persönliche Doshakonstellation am besten geeignet sind, können den Stoffwechsel aus seinem natürlichen Gleichgewicht bringen.

Verhaltensfehler im Tagesablauf

Es gibt Idealzeiten im biologischen Tagesrhythmus

Es ist für die Gesundheit nicht unbedeutend, wann ich zu Bett gehe oder morgens aufstehe. Innerhalb der biologischen Tagesrhythmen gibt es Idealzeiten, um zu Abend oder zu Mittag zu essen. Empfiehlt es sich, mittags zu schlafen, oder schadet das eher?

Wetterfaktoren

Sommerliche Hitze kann zu einer Irritation von Pittadosha

führen, besonders, wenn man sich längere Zeit in der Mittagssonne ohne Kopfbedeckung aufhält. Das Ergebnis kennen wir alle als Sonnenbrand, der in ausgeprägter Form von Übelkeit und Fieber begleitet sein kann.

Irritation von Pittadosha

Kälte, Durchnässung und Abkühlung des Körpers begünstigen Erkältungskrankheiten, Grippe, Schnupfen und Blasenentzündung.

Kalter, trockener Wind verschlimmert schnell Vatastörungen wie Nervenschmerzen, Unruhezustände oder Kopfschmerz.

Kalter Wind verschlimmert Vatastörungen

Emotionale und mentale Ursachen

Gibt es ein Übergewicht an Pittadosha bei einem Menschen, kann ihn das zu Verhaltensweisen tendieren lassen, die er in einer ruhigen Minute möglicherweise bereut, wie spontane Gereiztheit, aufbrausendes Temperament und Ungeduld.

Übergewicht an Pittadosha

Eine Vata-Kapha-Mischkonstitution könnte die Neigung entwickeln, unruhig, angespannt und nervös zu werden (Vata), wenn er Dinge, die er begehrt (Kapha), nicht oder nur unter Schwierigkeiten bekommt.

Vata-Kapha-Konstitution

Der Intelligenzforscher Daniel Goleman stellte fest, daß der Intelligenzquotient erstaunlicherweise nur zu etwa 20 % über unseren Erfolg und die Zufriedenheit im Leben entscheidet, unsere Gefühle haben hingegen offenbar einen weit höheren Anteil daran, als viele bisher glaubten. Deshalb wies Goleman darauf hin, daß es für Erfolg, Effektivität und die Fähigkeit, Herausforderungen zu meistern, wichtiger wäre, einen EQ, den *Emotionalquotienten*, zu ermitteln und an Möglichkeiten zu arbeiten, diesen zu verbessern.

Der IQ entscheidet nur zu 20 % über Erfolg und Zufriedenheit

Emotionalquotient

Wie wir unsere Umwelt wahrnehmen, wie wir die empfangenen Daten emotional verarbeiten und was wir schließlich daraus machen, darüber entscheiden in erster Linie unsere gefühlsmäßigen Reaktionen und nicht der rationale Verstand. Bereiche, denen wir dabei weit mehr Aufmerksamkeit zukommen lassen sollten, sind:

Gefühlsmäßige Reaktionen entscheiden, wie wir die Umwelt wahrnehmen

Darauf sollten wir achten

- Selbstwahrnehmung,
- Stimmungsmanagement,
- Selbstmotivation,
- Analyse unseres emotionalen Selbstverständnisses und
- die Entwicklung von Einfühlungsvermögen und Intuition.

Symptome gestörter Doshas

Viele gefühlsmäßige Haltungen und Einstellungen können als Symptome gestörter Doshas aufgefaßt werden. Die Entstehung zahlreicher als negativ empfundener Gefühle von Abwehr bis Zwiespalt, unter denen sich zum Beispiel Ängstlichkeit, Selbstzweifel, Kritiklust, Selbstvorwürfe oder Mutlosigkeit finden, basieren auf einer falschen Vorstellung über die wahre Natur unseres Selbst.

Falsche Vorstellung über die Natur unseres Selbst

Nur wenn das Bewußtsein seinen voll entfalteten Wert von Unbegrenztheit und Fülle und daraus resultierender Stabilität vergißt, läuft der menschliche Geist Gefahr, sich in einem isolierten „Punktwert" zu verlieren.

Ayurvedisches Konzept zur Krankheitsvermeidung

Das ayurvedische Konzept zur Krankheitsvermeidung umfaßt Therapieansätze wie Meditation, um das Bewußtsein zu seinem unendlichen Status zurückzuführen und ein emotional ausgewogenes Selbstbild auf natürliche Weise entstehen zu lassen. Andere, mehr körperorientierte Verfahren beheben Dosha-Imbalancen und lösen körperliche Streßzustände auf.

> Freiheit vom Wechselspiel der 3 Doshas und die Erlangung der stabilsten Basis für das individuelle Leben – durch Erfahrung des eigenen Selbst – sind die Ergebnisse der praktischen Methoden des Maharishi-Ayurveda.

Bausteine mental-emotionaler und physischer Gesundheit

Das ayurvedische Konzept für vollkommene Gesundheit erstreckt sich auf alle Lebensbereiche:

Bewußtseinsentfaltung als Grundlage für Glück

1. Bewußtseinsentfaltung als Grundlage für Glück, einen klaren Geisteszustand und die Fähigkeit, Probleme zu lösen, bevor sie zu dauerhaften Schwierigkeiten führen. Hierfür bietet der Ayurveda an:

- die Technik der transzendentalen Meditation;
- das gesamte uralte Wissen des Veda, das uns den richtigen Umgang mit unserem inneren Potential, dem Feld aller Möglichkeiten, lehrt;
- psycho-physiologische Methoden, also solche, die das Zusammenwirken zwischen dem Körper und seinen Sinnen und dem Bewußtsein und den Emotionen harmonisieren, wie Musiktherapie und Anwendungen von Duftölen.

Heilung durch körperorientierte Therapien

2. Heilung des Körpers durch körperorientierte Therapien und Empfehlungen:

- das gesamte praxisbezogene Feld des Ayurveda, mit seinen Diätempfehlungen, körperbezogenen Anwendungen wie Ölmassagen, Entgiftungs- und Reinigungsmethoden, dem Einsatz von Heilpflanzenpräparaten und Yogaübungen.

Aufklärung über gesundheitsbildende Verhaltensweisen

3. Aufklärung über „gesundheitsbildende“ Verhaltensweisen führen zu verbesserter Integrität des Einzelnen mit seiner Umgebung:

- Der richtige Umgang mit Bio- und Naturrhythmen.

Kollektive Gesundheit

4. Kollektive Gesundheit entsteht dann, wenn Umweltfaktoren und Ökologie so gestaltet werden, daß sie die Bewohner eines Landes in ihrem Streben nach Wachstum und Wohlbefinden fördern und nicht begrenzen:

- biologischer Hausbau in einem sehr erweiterten Sinn der optimalen Gestaltung unserer unmittelbaren Lebensumgebung,
- richtige Nutzung der Ressourcen der Erde.

Transzendentale Meditation

Einen vorrangigen Platz im „Management des Lebens" nimmt die Methode der *transzendentalen Meditation* ein. Diese tiefgreifende Entspannungsmethode wurde bereits vor 40 Jahren von Maharishi Mahesh Yogi in die westliche Welt getragen. Mehr als 5 Millionen Menschen haben mittlerweile weltweit diese Meditation, kurz TM genannt, erlernt. Auch die transzendentale Meditation ist Teil des vedischen Wissens und wahrscheinlich das größte Geschenk der alten vedischen Kultur an uns. Drei Vorzüge zeichnen die TM aus:

Vorteile der TM

1. Sie ist leicht und schnell erlernbar und kann bequem täglich ausgeübt werden.

Transzendentale Meditation benötigt – im Gegensatz zu vielen anderen Entspannungsmethoden – keine lange Zeit anstrengender Übungen und Instruktionen. Sie wird in einem 7-Schritte-Verfahren innerhalb von wenigen Tagen erlernt und zeigt meist schon von der 1. Sitzung an positive Resultate. Gewöhnlich meditiert man 2mal täglich für 20 Minuten, wobei der Ausübende bequem sitzen kann.

2. Die transzendentale Meditation ist außergewöhnlich wirksam.

Die Erfahrungen der Meditierenden sind übereinstimmend gut. Praktiziert man diese Methode über Tage und Wochen, wächst in zunehmendem Maß ein Gefühl innerer Ruhe und Gelassenheit. Viele Meditierende bemerken, daß sie eine größere innere Stabilität gegenüber äußeren Veränderungen bewahren. Einige Zitate von Ausübenden der TM-Technik spiegeln diesen neuen, freieren Bewußtseinszustand wider:

Erfahrungen der Meditierenden

„Bis vor kurzem machte ich mir ständig unbewußt Sorgen, daß meinen Kindern etwas zustoßen könnte, wenn sie allein draußen spielten. Seitdem ich die TM erlernt habe, ist in mir die Gewißheit gewachsen, daß ich mich nicht zu ängstigen brauche. Die ständigen Befürchtungen sind einer neuen Zuversicht gewichen, ich merke erst jetzt, wie glücklich ich bin, so gesunde und selbständige Kinder zu haben – ich habe den Eindruck, die Meditation hat mir geholfen, mir meiner uneingeschränkten Liebe zu ihnen viel bewußter zu sein. Ich glaube, auch auf meine Kinder wirkt sich diese entkrampfte Haltung sehr positiv aus. Wirkliche Gefahren für das Wohlergehen meiner Kinder erkenne ich jetzt aber auch viel klarer und glaube, sie deshalb auch besser schützen zu können".

„Nachdem ich einige Wochen meditierte, hatte ich eines Abends ein Schlüsselerlebnis, das ich auf die Meditation zurückführe: Wie gewohnt zündete ich mir nach dem Abendessen eine Zigarette an, lehnte mich im Stuhl zurück und nahm einen tiefen Lungenzug. In diesem Moment empfand ich mit einemmal, daß ich den inhalierten Rauch als beißend und irgendwie fremdartig empfand, und machte die Zigarette aus. Am nächsten Morgen hatte ich keinerlei Bedürfnis mehr, zu rauchen! Im Gegenteil, ich spürte nur Unbehagen, wenn ich mir vorstellte, mich diesem unangenehmen Eindruck nochmals auszusetzen. Seit dieser Zeit bin ich Nichtraucher!"

„In der Schule, ich besuchte die 7. Klasse, fühlte ich mich eigentlich ständig überfordert. Es wurde sehr viel verlangt, und wegen meines starken Harmoniebedürfnisses warf es mich jedesmal aus der Bahn, wenn zwischen meinen Schulkameradinnen und mir Streitereien oder Mißgunst auftraten. Zu diesem Zeitpunkt hatten meine Eltern mit der TM begonnen, sie waren durch Freunde auf die TM hingewiesen worden, und empfahlen auch mir, die Meditation zu erlernen, um ruhiger zu werden. Ich brauchte einige Monate, bis ich mich dazu entschließen konnte, aber dann wollte auch ich gleich am kommenden Wochenende in die Meditation eingeführt werden, denn ich fand die Meditationslehrerin sympathisch. Die TM hat mir seitdem in der Schule sehr geholfen, meine Zensuren sind zwar nicht besser als damals, aber die Schule macht mir jetzt mehr Spaß, und alles fällt mir wirklich sehr viel leichter."

„Seitdem ich die TM ausübe, und das ist jetzt seit etwa drei Jahren, wird mir immer deutlicher bewußt, daß das Leben viel mehr zu bieten hat, als wir normalerweise glauben. Ich bin um die spirituelle Dimension meines Bewußtseins reicher geworden, ich weiß jetzt, daß wir alle einen unbegrenzten inneren Raum in uns tragen, den wir mit Hilfe der Meditation jederzeit anzapfen können. Unser ganzes Dasein wird unbegrenzter, und das Gefühl großer innerer Freiheit wächst – es ist, als ob man endlich nach Hause kommt."

Solche Kommentare von Ausübenden der transzendentalen Meditation zeigen sehr deutlich, daß uns die Meditation etwas gibt, das wir alle dringend benötigen: die Möglichkeit, uns durch tiefe Ruhe regenerieren zu können, und die Erfahrung innerer Freiheit und Unbegrenztheit.

3. Die Wirkungen der TM sind wissenschaftlich nachweisbar.

Hunderte von wissenschaftlichen Untersuchungen bestätigen den persönlichen Eindruck der Meditierenden: Die körperliche und geistige Gesundheit verbessert sich in gleichem Maße. So wurde statistisch erfaßt, daß Langzeitmeditierende sehr viel weniger an Bluthochdruck, Asthma, erhöhten Blutfettwerten, allergischen Erkrankungen oder der koronaren Herzkrankheit erkranken und die körperliche Ausdauer deutlich zunimmt.

Die Bedeutung unserer Gedanken und Gefühle

Unsere tiefgreifendste Angst ist nicht, wir könnten ungenügend sein.
Unsere tiefste Angst ist, über alles Meßbare hinaus kraftvoll zu sein.
Es ist unser Licht, nicht unsere Dunkelheit,
das uns am meisten Angst macht.
Wir fragen uns, wer bin ich, mich brillant, großartig, talentiert, phantastisch zu nennen?
Aber wer bist Du, Dich nicht so zu nennen?
Du bist ein Kind Gottes.
Dich selbst klein zu halten, dient nicht der Welt.
Es ist nichts Erleuchtetes daran, sich klein zu machen,
damit andere um Dich herum sich nicht unsicher fühlen.
Wir sind alle dazu bestimmt, zu leuchten, wie es die Kinder tun.
Wir sind geboren, um den Glanz Gottes, der in uns ist, zu manifestieren.
Er ist nicht nur in einigen von uns, er ist in jedem einzelnen.
Und wenn wir unser Licht erscheinen lassen,
geben wir unbewußt anderen Menschen die Erlaubnis, dasselbe zu tun.
Wenn wir von unserer eigenen Angst befreit sind,
befreit unsere Gegenwart von selbst andere.

Nelson Mandela

Wie von dem großen Politiker Nelson Mandela, dem personifizierten Symbol des Endes jeder Apartheid, sind uns von weisen Menschen, Philosophen und Dichtern aus allen Zeiten wertvolle Lebensweisheiten überliefert.Der Ayurveda empfiehlt, solche positiven und erhebenden Anschauungen im täglichen Leben praktisch umzusetzen.

Der Maharishi-Ayurveda hat den Begriff der *Verhaltensrasayanas* geprägt. Mit *Rasayanas* wurden ursprünglich jene pflanzlich-mineralischen Arzneimittel bezeichnet, die nicht nur in der Lage waren, Alterungsprozesse, Abnutzungserscheinungen, degenerative Vorgänge und Krankheiten des menschlichen Organismus aufzuhalten oder aufzulösen, sondern auch förderliche Qualitäten wie physische und psychologische Stärke („Bala"), Dynamik und Ausdauer wiederherzustellen.

> Verhaltensrasayanas ist der Sammelbegriff für all jene menschlichen Verhaltensweisen, die diese positiven Eigenschaften in der menschlichen Psycho-Physiologie unterstützen und beleben.

Die alten Textbücher raten in diesem Zusammenhang zum Beispiel, Lehrer, Weise und ältere Menschen in der Gesellschaft besonders zu ehren. Die Wahl der richtigen Kleidung, passender Umgangsformen und Erläuterungen zur Hygiene sind weitere Beispiele dieser Lebensprinzipien, deren Beachtung zu Ehre, Ruhm, Wohlstand, Gesundheit, Glück, Reichtum, Zufriedenheit, Wissen und Erfolg im Leben führt.
Im folgenden geben wir einige dieser Anregungen wieder:

1) Lege alte Denkmuster ab, wie zum Beispiel: „Alte Menschen sind meistens gebrechlich und krank, dieses Schicksal wird sicher auch mir zuteil". Verlasse dich auf deine eigene Intuition.

„Ursprünglich eigenen Sinn
Laß dir nicht rauben!
Woran die Menge glaubt,
Ist leicht zu glauben.

Mit natürlichem Verstand
Sei du beflissen,
Was der Gescheite weiß,
Ist schwer zu wissen"

J. W. von Goethe

2) Die Welt kann nur bestehen durch das Nebeneinanderexistieren von Paradoxien.
Eine Ansicht mag richtig sein – beachte und akzeptiere aber auch das genaue Gegenteil dieser Meinung! Alles hat verschiedene Perspektiven – erkenne, daß deine Interpretation der Dinge deine Erfahrung erschafft.

3) Bleibe mit deiner Aufmerksamkeit bei deiner jetzigen Tätigkeit oder Aufgabe, denke nicht ständig an das zukünftige Ergebnis deiner Handlung.

4) Die Technik der transzendentalen Meditation schafft einen ruhigen und klaren Geist, der eingeschliffenes Denken auflöst.

5) Zum Alterungsprozeß: „Du bist so alt, wie du dich fühlst". Der Geist ist der Meister des Alterungsprozesses. Sieh in jedem Stadium deines Lebens, trotz der vielleicht vorhandenen Schwierigkeiten, das Schöne, Positive und bis jetzt Erreichte.
Der Alterungsprozeß dient dazu, dich weiser, reifer, erfahrener, unabhängiger und glücklicher zu machen. Durch deine zunehmende Weisheit dienst du der Gesellschaft mehr als in jüngeren Jahren.

6) Die Funktion bestimmt die Struktur des Körpers! Fürsorge für unseren Körper, Gesundheitspflege, gute Nahrung und die uns gemäße körperliche Betätigung erneuern Geist und Körper.
Vata-Typen mögen oftmals eine leichte körperliche Auslastung, wie Radfahren und entspanntes Spazierengehen oder Schwimmen.
Pitta-Typen lieben meist eine stärkere Herausforderung, wie beim Tennis, Bergwandern oder längeren Radtouren.
Kapha-Typen sollten sich häufiger intensiv betätigen, für sie ist vielfach Leistungssport, Tennis, Kraftsport, Rudern oder schwerere Gartenarbeit nötig, damit sie sich rundum wohl fühlen.

7) Ayurvedische Ernährung verlängert das Leben.
Die wichtigste Regel lautet: Nur soviel essen, daß man sich nicht überlastet, sondern satt, aber unbeschwert fühlt. Pfarrer Kneipp sagte dazu: „Wenn du merkst, daß du gegessen hast, hast du schon zuviel gegessen." Damit geht er nicht ganz mit der ayurvedischen Anschauung konform, die ebenso fordert, erst dann eine Mahlzeit zu beenden, wenn man gesättigt ist; denn das angenehme Gefühl der Sättigung ist wichtig für Festigkeit, gute strukturelle Integrität und Kraft des Körpers.

8) Vermeide den Fehler des Intellekts. Immer, wenn wir Gefühle der Angst, des Zorns, der Gier, der Feindseligkeit oder Ablehnung empfinden, irren wir uns, wir sind dem „Irrtum des Intellekts" verfallen. Nur der isolierte Intellekt, ohne Rückbezug zum eigenen Selbst, seziert, trennt, analysiert und zer-

stört das innere Einvernehmen mit anderen. Streit, Ärger oder innerer Zwist fördern Abbauprozesse im Organismus. So hat man in vergleichenden Untersuchungen festgestellt, daß Berufsgruppen wie Rechtsanwälte oder in Krisenregionen beschäftigte Polizisten eine geringere Lebenserwartung haben als solche, die einen angenehmen Arbeitsstil erlauben. Genau wie falsche Ernährung setzen auch falsche Verhaltensweisen freie Radikale im Körper frei, die als „Rost des Organismus“ zerstörerischen Einfluß auf gesunde Organfunktionen nehmen.

9) Dharma: Die Natur hat eine Aufgabe für uns. Wenn wir diesem Zweck, den die Natur für uns vorgesehen hat, nicht Folge leisten, hat die Natur keinen Gebrauch für uns. Die Berufung ist der Beruf. Entdecke in deinem Tätigkeitsbereich deine eigentliche Aufgabe.

10) Zeit: „Ich habe alle Zeit der Welt, um alle meine Pläne zu verwirklichen“. Ich kann keine Zeit sparen, sie läuft mir nur dann nicht davon, wenn ich sie jetzt bewußt nutze.

11) Geistige Regsamkeit läßt länger und bewußter leben. Gespräche und Unterhaltungen mit anderen – anstelle von Zurückgezogenheit – fördern die Entfaltung des Geistes.

12) Hygiene üben in jeder Hinsicht. Wir sollten das bewußt auswählen, was wir in unseren Körper und Geist hineinlassen. Gifte wie Nikotin, synthetische Arzneimittel und andere lassen sich minimieren oder vermeiden, aber auch den unterschwelligen Inhalt von Fernsehsendungen oder Zeitungsschlagzeilen nehmen wir nicht nur mit den Sinnen auf, sondern jeglicher Eindruck, dem wir ausgesetzt sind, wird somatisiert, also zu einem Bestandteil unseres Körpers!
Erst vor kurzem tauchte in der modernen Wissenschaft der Psychoneuroimmunologie der Begriff der „sensorischen Modulation“ auf, der besagt, daß aus der Außenwelt zu uns gelangende Informationen über vielfache hormonell-neuronale Vorgänge verstoffwechselt werden und schließlich ein Teil unseres eigenen Gewebes, unserer Gedanken und Gefühle werden. Medieninhalte mit zerstörerischer Grundtendenz laden so unser eigenes Geist-Körper-System mit Negativität auf, während alle positiven, erhebenden und schönen Einflüsse zu einer entsprechenden förderlichen Resonanz in unserer Physiologie führen.

13) Beziehungen zu anderen Menschen stellen den wohl wichtigsten Teil unseres Erfahrungsfeldes dar. Unser Verhalten anderen gegenüber, der Umgang mit anderen ist von größter Bedeutung für unser eigenes Wohlergehen und unsere Gesundheit.
Maharishi Mahesh Yogi empfiehlt, sehr bewußt damit umzugehen, wie man über andere denkt.
In unserem Verhalten gegenüber anderen sollten wir höchste Toleranz üben. Nicht richtig wäre es, jemandem zu sagen, daß er sich ändern soll, weil uns etwas an ihm mißfällt. Auf diese Weise würden wir ihm nicht helfen, sondern dies wäre nur ein Versuch, unsere Vorstellungen davon, wie der andere unserer Meinung nach sein sollte, durchzusetzen.
Maharishi Mahesh Yogi erläutert diesen wichtigen Zusammenhang zwischenmenschlicher Beziehungen sehr genau. Sinngemäß sagt er: „Wir können in der äußeren Welt nur das sehen, was wir selbst in uns tragen. Die Welt ist für uns immer nur das, was wir selbst sind. Sie ist nur ein Spiegel unserer inneren Einstellungen und Werte. Demnach erfährt man im äußeren Universum nur das, was man in sich trägt. Ich sehe dich deshalb so, wie es meiner Weltsicht entspricht, und ich erscheine dir so, wie du die Welt siehst."
Ausschließlich für meine eigenen Gedanken und Handlungen und deren Folgen bin ich demnach verantwortlich.
Diese Überlegungen machen es uns viel leichter, einfach nur das zu tun und zu denken, was wir für gut und richtig erachten, ohne darüber nachdenken zu müssen, wie andere aufgrund ihrer persönlichen Ansichten und Meinungen unser Denken und Handeln interpretieren.

14) Innerhalb der vielen täglichen Gewohnheiten, die unser individuelles Leben bestimmen, spielen biologische und zirkadiane oder Tagesrhythmen eine große Rolle.
Der Ayurveda hebt hervor, daß besonders unser Wach-Schlaf-Rhythmus von besonderer Bedeutung für die Erlangung guter Gesundheit ist. Es lohnt sich, einmal zu überprüfen, wann wir schlafen und wann wir aktiv sind und ob wir mit unseren Schlafgewohnheiten zu einer tiefen Regenerierung kommen. Der Grad von Wachheit, unsere Aufmerksamkeit, unsere Leistungsfähigkeit, Lebensfreude sowie ungetrübte und harmonische Gefühle, all dies hängt in hohem Maß davon ab, wie wir unseren individuellen Schlaf- und Wachrhythmus gestalten. Zwei Zeitpunkte innerhalb der 24 Stunden eines Tages spielen eine Hauptrolle dabei:

- der Zeitpunkt, an dem wir zu Bett gehen

- wann wir aufstehen.

Der Ayurveda empfiehlt, nicht nach 22.30 Uhr schlafen zu gehen und im besten Fall um 6 Uhr oder kurz vor dem Sonnenaufgang aufzustehen, jedoch nicht später als um 7.30 Uhr. Die Erfahrung zeigt, daß man versäumten Nachtschlaf nicht nachholen kann, indem man morgens sehr lange schläft. Das Gegenteil ist der Fall: Häufig führt zu spätes Erwachen zu vermehrter Müdigkeit am Tag, Antriebslosigkeit und Unlustgefühlen. Der Grund dafür sind die über die 24 Stunden des Tages wechselnden Einflüsse der drei Doshas. Vata, Pitta und Kapha haben ihre „Spitzenzeiten" im Naturgeschehen des Tages und parallel dazu im Stoffwechsel, Hormonhaushalt und in endokrinen Abläufen unseres Körpers.

Vata herrscht von morgens 2 Uhr bis um 6 Uhr vor. In dieser Zeit aufzustehen sorgt dafür, daß wir diesen „Vataschub" nutzen können, um den ganzen Tag über wach und aufnahmefähig zu sein und uns leicht und unbeschwert zu fühlen.

Der verstärkte Einfluß von Kapha folgt von 6 Uhr früh bis 10 Uhr. Aufzustehen, wenn diese Phase schon zu weit fortgeschritten ist, führt schneller zum Entstehen von Kaphaeigenschaften im Organismus, wie Trägheit, Mattigkeit oder Erkältungsneigung. Die morgendlichen geschwollenen Unterlider, unter denen viele Patienten leiden, zeugen von einer nächtlichen Stagnation von Ausscheidungsvorgängen und können schnell gebessert werden durch frühzeitiges Aufstehen vor 6 Uhr, neben Maßnahmen, die das Entschlacken und Kapha verringern.

Von 10 bis 14 Uhr spüren wir den Fluß vermehrter Energie und Leistungsfähigkeit, wie er durch das jetzt dominante Pittadosha entsteht. Dies ist auch die bestgeeignete Zeit für die Mittagsmahlzeit, da nun die Verdauungskraft am stärksten tätig ist. Der ideale Zeitpunkt für diese Hauptmahlzeit des Tages ist um 12 Uhr.

Von 14 bis 18 Uhr kommt es erneut zu einem Vataanstieg, der in uns, wenn wir gesund sind, wieder Frische und Tatendrang verstärkt. Müdigkeit am Mittag kann auf eine Erschöpfung zurückzuführen sein, ruhen Sie sich in diesem Fall genügend lange aus. Schlafen Sie jedoch nur, wenn Sie das wirklich nötig haben, andernfalls empfiehlt der Ayurveda, tagsüber nicht zu schlafen.

Die Zeit zwischen 18 und 22 Uhr ist die abendliche Kaphaphase, der wir am besten entsprechen, wenn wir einer ruhigen, entspannenden Aktivität folgen, wie meditieren, dann ein leichtes Abendessen einnehmen, spazierengehen oder etwas lesen. Vielbeschäftigte tun gut daran, festzulegen, wann genau sie abends ihre Arbeit beenden wollen. Ratsam ist es, nicht länger als bis 20 Uhr oder maximal 21 Uhr anstrengende Tätigkeiten zu verrichten, um sich dann auf die Ruhephase der Nacht einzustimmen. Sehr spätes Telefonieren kann auf die Dauer ebenfalls zu Schlafstörungen beitragen.

Ideal ist eine Schlafenszeit zwischen 22 Uhr und 22.30 Uhr, bevor Pitta von 22 bis 2 Uhr wieder die Vorherrschaft übernimmt. Während des Schlafs beginnt jetzt die „endogene" Verdauung sowohl von Tageserlebnissen in Form von Träumen als auch von Stoffwechselrückständen durch Leber und Darm und deren verstärkte Ausscheidung durch die Nieren.

Schlaflosigkeit, meist vatabedingt, kann schon allein dadurch verhindert werden, daß man sich diesem Naturrhythmus wieder anpaßt und beginnt, die subtilen Veränderungen der Atmosphäre in der Natur, z. B. bei einem Abendspaziergang und in der eigenen Körpererfahrung wieder wahrzunehmen.

Maßnahmen für guten, erholsamen Schlaf:

- Zubettgehen nicht nach 22.30 Uhr.
- Ruhiges Liegenbleiben im Bett ist für den Körper meistens sehr viel wertvoller als aufzustehen und sich abzulenken. Einfaches entspanntes Liegen, auch wenn man nicht gleich schläft, ist Schlafersatz!
- Transzendentale Meditation und Gandharva-Veda-Musik heilen Schlaflosigkeit.
- Erheiternde, unterhaltende Filme lassen uns eher zur Ruhe kommen, spannende spannen uns an.
- Abends kann zur Beruhigung Vatatee, Kräutertee mit etwas Milch oder warme Milch mit Zimt, Muskatnuß, Kardamom oder Honig genossen werden.
- Ein warmes Bad ist ruhefördernd, bei dem wir auch den Nacken und Schulterbereich für 10 Minuten entspannt im heißen Wasser der Wanne ruhen lassen, das Wasser sollte dabei also bis zum Hinterkopf und bis unter die Ohren reichen.
- Eine abendliche Sesamölmassage besonders der Füße und der Fußsohle vor dem warmen Bad ist äußerst harmonisierend und fördert die Schlafbereitschaft.

15) Lachen und wirkliche gute Laune sind die beste Medizin. Ein ganzer Industriezweig, die Unterhaltungsindustrie, ist damit beschäftigt, uns zum Lachen zu bringen!

Über uns selbst zu lachen zeugt sowohl von Selbstakzeptanz als auch von Bescheidenheit. Humor verleiht dem kleinen Ego den richtigen Stellenwert.

Nicht ohne Grund lautet ein amerikanischer Slogan „Keep smiling“, verlier nie deinen Humor und lächle, denn zu lachen ist nicht nur das Resultat von innerer übersprudelnder Freude, sondern läßt auch einen andauernden Zustand von innerer Gelöstheit entstehen: Einige Psychologen empfehlen depressiven Menschen, das Lächeln als Methode einzusetzen, um gute Laune zu schaffen.
Lächeln Sie also ab jetzt täglich öfter! Schenken Sie nicht nur Ihren Mitmenschen Ihr Lächeln, sondern Sie können diese Gabe der Natur sogar gezielt nutzen, wenn Sie allein sind, und selbst dann, wenn sie gerade schlechte Laune haben. Die Psychologen raten, das Lächeln bewußt als Methodik einzusetzen, z. B. während einer Autofahrt, morgens nach dem Aufstehen oder in der Mittagspause – nachweislich werden dadurch hochwirksame Glückshormone in Ihrem Stoffwechsel freigesetzt, die Stimmung hebt sich, und schädlicher Streß geht zurück.

16) Eine realistische Weltsicht entstehen lassen

Die Art, wie wir mit der Welt umgehen, spiegelt unsere inneren Anschauungen wider. Wir sehen die Welt so, wie wir sie sehen wollen, wie wir gelernt haben, sie zu sehen, wie wir glauben, daß wir sie sehen müßten, oder wir sehen die Welt so, wie andere uns gesagt haben, daß wir sie zu sehen haben. Wie wäre es, dafür zu sorgen, daß wir beginnen, sie so wahrzunehmen, wie es unserer innersten Wahrheit gemäß ist?

Tagebuch schreiben

Nicht nur im modernen Management der Industrienationen, sondern auch in den Büchern des Veda vom langen und gesunden Leben wird herausgestellt, daß es besser ist, einen Vorgang vom Anfang bis zu seinem Ende vorzustrukturieren, bevor man beginnt. Es ist sicherer und effektiver für jeden Planungs- und Produktionsprozeß, wenn wir wissen, welches Endprodukt wir überhaupt wünschen und wie wir es entstehen lassen können.
Das gleiche Prinzip können wir auf jeden Tag unseres Lebens übertragen. Vollständiges Verständnis unserer persönlichen psycho-physiologischen Reaktionen, also unserer Art, mit den wechselnden Bedingungen des täglichen Lebens ebenso erfolgreich und beglückend umzugehen wie mit den unterschiedlichen Charakteren unserer Mitmenschen, auch das möchte der Ayurveda fördern.
Dazu empfiehlt es sich, ein Tagebuch zu führen, in dem man nicht nur tägli-

che Ereignisse oder Erlebnisse registriert, sondern das dazu bestimmt ist, unserem inneren Dialog Ausdruck zu verschaffen, so daß wir ein optimales Selbstverständnis entwickeln können.
Gleichzeitig ist es ratsam, sich immer wieder erneut mit den Grundlagen für ein erfolgreiches und glückliches Leben, wie sie in diesem Buch wiedergegeben sind, zu beschäftigen und dabei zu beobachten, inwieweit wir sie bereits im eigenen Leben verwirklichen.
Zunächst einmal sollten wir uns darüber klarwerden, daß die materiellen Bedingungen, in denen wir uns befinden, seien sie sozialer oder finanzieller Art – aber auch unsere Wünsche, Vorstellungen und Abneigungen zählen dazu –, durch unsere eigenen Absichten, Impulse, Gedanken und Handlungen geschaffen wurden.
All diese Bedürfnisse, Wünsche, Gefühle, Verhaltensweisen und Tätigkeiten entstammen ihrerseits noch grundlegenderen Ebenen unseres Bewußtseins. Diese innersten Bereiche des Selbst tragen in Keimform all die Anlagen in sich, die, wenn wir sie ins tägliche Leben einfließen lassen, uns das Gefühl individueller Erfüllung vermitteln, wir sind dann getragen von dem Empfinden, aus der Fülle unseres Bewußtseins schöpfen zu können, unbegrenzte Kreativität zur Verfügung zu haben und Probleme lösen zu können, bevor sie überhaupt entstehen.
Der Ayurveda nennt es *Selbstrückbezug*, wenn wir uns dem inneren Selbst, dem Feld aller Möglichkeiten in uns öffnen.
In einem Tagebuch können wir uns darauf ausrichten, wahrzunehmen, welche Impulse dem inneren Selbst entstammen.
Das große Selbst, der Bereich perfekter Georndetheit in uns, ist immer bemüht, uns gesunden zu lassen. Das Selbst sendet uns via Körperintelligenz fortwährend diejenigen Hinweise zu, die ein eventuell verlorengegangenes Gleichgewicht irgendwo im Körper-Geist-System benötigt, um seine Balance zurückzuerlangen.
Nehmen wir diese Impulse unseres inneren unfehlbaren Heilers nicht wahr, weil wir unter Streßeinfluß stehen, unser Körperstoffwechsel nicht ungehemmt arbeitet, Schlacken oder Überlastungssyndrome im Organismus bestehen, werden wir krank. Krankheit bedeutet so: verlorengegangener Dialog und Verlust der Einheit zwischen Selbst, Körper und Denken. Die Bereitschaft, die Krankheit anzunehmen, durch ihre Botschaft hindurchzureisen, führt uns zur Quelle der Krankheit: dem Bereich vollkommener Gesundheit.

„Selbstheilung bedeutet, den eigenen Körper
dem Selbst näherzubringen und
das Gefühl der Einheit wiederzuerleben.“ Georg Tecker

Verzeichnen Sie in Ihrem Tagebuch nicht nur wechselnde tägliche Erlebnisse und Ereignisse, sondern beginnen Sie zu registrieren, wie Ihre eigenen Reaktionen und Gefühle beschaffen sind und wie wohl und gesund Sie sich eigentlich fühlen. Beziehen Sie dabei das Wechselspiel der Doshas mit ein, hören Sie darauf, wenn Ihr Körper auf den Genuß eines falschen Nahrungsmittels mit Unwohlsein oder Schmerz reagiert. In welcher Stimmungslage befand ich mich vorgestern, gestern und heute, war ich manchmal gereizt, meistens entspannt oder sehr von meiner Arbeit absorbiert? Was hat diese Gefühle ausgelöst oder heraufbeschworen?
Warum treten die Magenschmerzen immer dann auf, wenn ich noch am Abend Büroarbeiten zu erledigen habe?
Wenn meine Kopfschmerzen immer schon morgens nach dem Aufstehen da sind, sollte ich dann nicht früher zu Bett gehen, um möglichst ausgeruht zu sein?

> *„Das Wesentliche ist für das Auge unsichtbar,*
> *man muß es mit dem Herzen suchen“* M. Ohlandt

17) Vertraue dich einem großen Ziel an.

Vieles, wenn nicht gar nahezu alles in dieser Welt ist verbesserungswürdig. Tragen wir dazu bei, eine bessere Welt zu schaffen, indem wir das tun, was wir als unsere Möglichkeit, die Dinge zu verbessern, erkennen.
Mißstände zu beklagen nutzt niemandem, sondern schadet ausschließlich. Sich einer großen Aufgabe zu widmen, erhebt uns über Inaktivität, Interesselosigkeit und Gleichgültigkeit. Die Erfüllung unserer Aufgabe muß nichts Spektakuläres sein, sondern kann sogar von anderen unbemerkt bleiben.

18) Lerne, allein zu sein.

Die Ereignisse des Tages, die Herausforderungen des Berufs und all unsere Verpflichtungen und Aufgaben führen schnell zu einer überwiegend extrovertierten Ausrichtung unseres Bewußtseins. Es entstehen scheinbare Abhängigkeiten, Notwendigkeiten und Gewohnheiten.
Es ist gut, sich von Zeit zu Zeit daran zu erinnern, daß wir alles haben, wenn wir mit uns allein sind. Niemand und nichts ist während dieser Zeit des Alleinseins nötig, um diesen Zustand zu vervollkommnen.

19) Die Natur repräsentiert den größten Heiler.

Mit offenen Augen und unvoreingenommen die Natur wahrzunehmen, ist heilsam. Wir finden wirkliche Vollkommenheit in den Elementen der unbe-

rührten Natur, sie bietet die Erfahrung der reinsten und unverfälschten Wahrnehmung höchster Ordnung, Freude und Ganzheit der ihr innewohnenden Naturgesetze.
Ein Spaziergang bei Sonnenaufgang kann uns an unsere eigenen inneren Quellen reiner Bewußtheit erinnern und eine tiefgreifende Erfahrung von Gesundheit und Erneuerung in uns wecken.

„Ich dachte, meine Reise sei zu Ende,
Die letzte Grenze meiner Kraft erreicht.
Felswand sperre meinen Pfad,
Erschöpft sei meine Zehrung
Und die Zeit gekommen, sich zu bergen
In der Nacht des Schweigens.
Doch siehe, ohne Ende ist in mir Dein Wille.
Und wenn die alten Werte mir ersterben,
So brechen neue Melodien jung aus meinem Herzen;
Und wo die alten Pfade sich verlieren,
Steigt Neuland auf mit allen seinen Wundern.“ R. Tagore

20) Entdecken Sie Ihr kreatives Potential.

Wann und zu welchen Gelegenheiten in Ihrem Leben waren Sie besonders glücklich? Schreiben Sie alle Situationen und Momente auf, die Freude und Glück in Ihnen wecken, wenn Sie daran zurückdenken. Fallen Ihnen dabei wiederkehrende oder sich wiederholende Situationen auf? Erlebten Sie solche Phasen des Glücks allein in der Natur, im Kreis anderer Menschen oder während Sie an kulturellen Ereignissen teilhatten, wie bei einem Musikkonzert, Museumsbesuchen oder Kunstausstellungen?
Vielleicht ist es für Sie aber auch wichtig, selbst kreativ zu sein und in irgendeinem Bereich die Initiative zu ergreifen.
Ein moderner Autor namens Csikszentmihalyi spricht von einem „Flow-Phänomen“, wenn wir Erfahrungen machen, die uns alles um uns herum vergessen lassen und die uns über unsere täglichen Begrenzungen erheben, während wir der Tätigkeit nachgehen, die uns vollständig erfüllt. Widmen Sie den Bereichen, die Ihr persönliches Flow-Phänomen auslösen, größere Aufmerksamkeit.

Vergleich der modernen Medizin mit dem Maharishi-Ayurveda

Wir können heute beobachten, daß die westliche, die sogenannte Schulmedizin auf vielen ihrer Aspekte beharrt, obwohl sich immer deutlicher die großen Nachteile und Schwächen dieses Systems zeigen. Dies führte zur unverkennbaren Situation der zunehmenden Unhaltbarkeit der gegenwärtigen medizinischen Versorgung der Bevölkerung in der jetzigen Form. Der Maharishi-Ayurveda bietet eine so gründliche Erneuerung des Systems an, daß es nur eine Frage der Zeit sein kann, bis er seinen ihm gebührenden Platz in der Medizin einnimmt. Welche Unterschiede und Gemeinsamkeiten gibt es zwischen Schulmedizin und Maharishi-Ayurveda?

Westliche Medizin

- Die Schulmedizin versucht, Krankheiten einzugrenzen, sie isoliert zu sehen und sie unabhängig vom übrigen Organismus zu lokalisieren, um gezielt die erkennbaren Symptome behandeln zu können.
- Sie orientiert sich dabei an von Geräten meßbaren Daten, um die Subjektivität des Behandlers auszuschließen, und behandelt erst dann, wenn Abweichungen vom Normalwert, Schmerzen oder feststellbare Symptome vorliegen. Mit geringen Symptomen oder einem gestörten Allgemeinbefinden kann die Schulmedizin „nichts anfangen".
- Gesundheit ist nach schulmedizinischer Ansicht die Abwesenheit von Symptomen.
- In der Therapie sucht die Schulmedizin nach Einzelstoffen, die sie vom Ganzen (z. B. vom gesamten Wirkkomplex einer Pflanze) trennen kann.

Die Absicht dabei ist, ein Einzelprinzip zu erkennen und zu nutzen unter Ausschluß des Ganzen. Sie ist bereit, für diesen Zweck eine Vielfalt von Nebenwirkungen in Kauf zu nehmen. Die Devise der Schulmedizin ist: „Keine Wirkung ohne Nebenwirkung".

- In ihrem Bestreben, Gesundheit in der Bevölkerung zu fördern, schafft die Schulmedizin explodierende Kosten, vor allem wegen fehlender Vorbeugemaßnahmen und hohem Apparateaufwand.
- Sie leugnet weitgehend die Bedeutung von Nahrungseinflüssen auf die Gesundheit, was sich in der Standardkost in den Krankenhäusern widerspiegelt.
- Sie versucht, Krankheiten und ihre Entstehung unabhängig von Gefühlen, Gedanken und Reaktionen sowie dem Lebensumfeld des Patienten zu sehen.
- Die Absicht der Vertreter der Schulmedizin ist es, kranken Menschen zu helfen, sie schöpfen dabei jedoch nicht jede Möglichkeit aus.
- Die modernen diagnostischen und therapeutischen Methoden sind oft sehr unangenehm, schmerzhaft und verletzen die Würde des Patienten.
- Die Heilung des Patienten liegt sehr stark in der Hand des Arztes, indem er der ärztlichen Verschreibung vorbehaltene, da gefährliche Arzneimittel verschreibt.
- Die pharmazeutische und medizinische Forschung kennt keine Grenzen. Gentechnologie und der Zwang, eine rein körperliche, apparategestützte Lebenserhaltung um jeden Preis, auch gegen den Willen und auf Kosten der Würde des Patienten durchzusetzen, erzeugt neues Leid.
- Die großen Verdienste der westlichen Medizin liegen in ihren chirurgischen, intensiv- und notfallmedizinischen Maßnahmen, ebenso hoch entwickelt sind die Mittel zur Bekämpfung lebensbedrohlicher Erscheinungen, wie akuter Infektionen.

Der Maharishi-Ayurveda

- Der Maharishi-Ayurveda möchte nicht nur die Krankheitssymptomatik genau erkennen, sondern fragt nach der Ursache der Erkrankung, um dem Patienten das Verständnis an die Hand zu geben, wie künftig die Entstehung der Krankheit vermieden werden kann. Außerdem interessiert nicht nur die Krankheitsbezeichnung, sondern wichtiger ist vielmehr, in Erfahrung zu bringen, welcher Patient die Krankheit hat, das heißt, welche individuellen Faktoren und Doshastörungen haben bei diesem Patienten zu den vorliegenden Erscheinungen geführt?

- Die Beurteilung aller vorhandenen Belastungen des Patienten ist im Maharishi-Ayurveda von weit größerer Bedeutung zur Wiederherstellung der Gesundheit, als nur wenige Meßdaten zur Verfügung zu haben. Die Pulsdiagnose und andere Beurteilungskriterien des gesundheitlichen Status des Patienten lassen potentielle zukünftige Krankheiten schon im voraus erkennen, so daß der Maharishi-Ayurveda als eine wirkliche Vorbeugemedizin bezeichnet werden muß.
- Gesundheit bedeutet gleichermaßen geistiges, körperliches und soziales Wohlbefinden des Patienten, und dies scheint der bestmöglicher Schutz vor künftigen Belastungen zu sein.
- Gesundheit bedeutet „Ganzheit“! Ganzheit heißt: Nirgendwo wird ein Mangel verspürt. Tritt ein beliebiges andauerndes Defizit im Geist-Körper-System eines Individuums in Form von Schmerz, gestörter Funktion oder emotionaler Belastung auf, so ist keine vollständige Gesundheit mehr vorhanden! Zerstört man die Ganzheit in der Natur, z. B. durch Isolation von einzelnen Wirkkomponenten einer Pflanze unter Ausschluß anderer, und gibt dies dem Kranken, kann das Ergebnis nur wieder unbefriedigend sein! Schafft man Nebenwirkungen, erzeugt man neue Krankheiten anstelle der alten!
- Gesundeitspolitik und Krankenkassen beginnen gerade zu erkennen, daß das gegenwärtige Gesundheitssystem dabei ist, zu zerbrechen, wenn nicht ein Wandel stattfindet. Dieser Wandel muß von einer fundamentalen Ebene ausgehen, um effizient zu sein und alle zufriedenzustellen. Die immensen Vorteile des Maharishi-Ayurveda liegen gerade in der mit einfachsten Mitteln möglichen Vorbeugung, die zu „Gesundheit sofort“ führen, anstatt zu warten, bis schwere chronische Leiden den Patienten ins Krankenhaus führen.
- In der Natur liegt die größte Kraft und Intelligenz! Nutzt man diese kreative Intelligenz, die uns allen – kostenlos – zur Verfügung steht, entsteht Gesundheit von allein – als „Nebenprodukt“ zum Beispiel naturgemäßer, auf die Doshas abgestimmter Ernährung, in einer Form, die Entstehung von Schlacken, Dysfunktionen und Krankheit verhindert.
- Der Maharishi-Ayurveda ist das ganzheitlichste Heilsystem der Erde. Nur wenn eine Gesundheitstechnologie tatsächlich *alle* möglichen Lebensbereiche in den Heilungsprozeß einbezieht, ist Gesundheit „rundum“ möglich. Die über 20 Therapieansätze des Maharishi-Ayurveda decken jeden Bereich ab, der für höchste Gesundheit bedeutsam ist.

- Der Maharishi-Ayurveda ist das vollkommene System ganzheitlicher Gesundheitsbildung, das auf sämtliche Ressourcen der Natur und des menschlichen Bewußtseins durch das vedische Wissen zurückgreift.
- Die Anwendungen des Panchakarma sind die „ayurvedische Intensivmedizin“, sie sind in sich sehr angenehm und vollkommen schonend für den Patienten.
- Der größte Teil der Empfehlungen des Ayurveda umfaßt Möglichkeiten der Selbsthilfe. Der Patient erlangt zunehmende Unabhängigkeit und Eigenständigkeit durch ein auf seine Person abgestimmtes „Gesundheitsmanagement“.
- Der Maharishi-Ayurveda sieht die Entwicklung des Bewußtseins in Form einer zunehmenden Entfaltung des inneren Potentials des Menschen als sehr wesentlich für die Entstehung ganzheitlicher Gesundheit an. Negative und destruktive Trends im Individuum und der Gesellschaft nehmen von allein ab, wenn Gesundheit ganz natürlich wächst. Wirkliche Gesundheit – nach der Definition des Maharishi-Ayurveda also ein Zustand von Unvoreingenommenheit, innerer Freiheit und einem klaren Geist – ist die beste Voraussetzung für den Einzelnen, selbst zu entscheiden, was natürliches, ethisches und menschliches Verhalten ist und wo Forschung oder Wissenschaft diese Grenzen überschreiten.
- Der Maharishi-Ayurveda erkennt die enormen Leistungen der modernen Medizin überall da an, wo sie helfen, Leid zu verringern.

Panchakarma

Chronische Erkrankungen sind chronisch gewordene Doshastörungen! Leiden wir unter den sichtbaren Erscheinungen einer Krankheit, wie Schmerz, gestörte Funktion, schlechtes Allgemeinbefinden, Kopfschmerz usw., hat der Organismus nach ayurvedischer Auffassung bereits zahlreiche Vorstadien der Erkrankung durchlaufen. Was wir üblicherweise als Krankheit ansehen, ist nur die Spitze des Eisbergs.

Jede Störung der Doshas durchläuft 6 Stadien, ehe sie in ihrer voll entfalteten Form für uns wahrnehmbar wird.

- Zuerst vermehrt sich ein Dosha an dem Ort im Körper, wo es seinen physiologischen Sitz hat. Vata, welches sich im Dickdarm befindet und dort für Verdauungsabläufe und Darmbewegung zuständig ist, verstärkt sich zum Beispiel durch das Essen vataanregender Speisen, wie etwa Rohkost. Bleibe ich über längere Zeit bei dieser einseitig vataverstärkenden Ernährung, ist es sehr wahrscheinlich, daß sich Vata im Dickdarm über das gesunde Maß hinaus ansammelt. Bereits jetzt kann die Pulsdiagnose ein Doshaungleichgewicht feststellen – und der Ayurveda ist in der Lage, schon in diesem Frühstadium zu behandeln, um eine Krankheitsentstehung zu unterbinden!
- Nach der Akkumulation findet eine „Anregung" des gesteigerten Dosha statt.
- Die Folge ist eine Ausbreitung im Körper an einen Ort, wo „es nicht hingehört".
- Das Dosha lagert sich in ein oder mehrere Gewebe ein.
- In unserem Beispiel könnten bereits in diesem Stadium als Resultat der Verbindung des Doshas mit den Fingergelenken rheumatische Schmerzen spürbar werden.
- Das Vollbild der Erkrankung hat nun ein Stadium erreicht, wo es auch

mit den Mitteln unserer modernen Diagnostik wahrgenommen werden kann. Nach und nach treten nun auch weitere Folgeerscheinungen der Krankheit in Erscheinung, wie Entzündungen, Schwellungen und Schmerz.

In dieser Situation langfristig veränderter Doshas gibt der Maharishi-Ayurveda dem Patienten die Möglichkeit, Intensivreinigungskuren in Anspruch zu nehmen: das Panchakarmaprogramm.

Panchakarma bedeutet „fünffache Therapie“. Bei der Panchakarmakur handelt es sich um die zeitgemäße Form des Einsatzes der klassischen 5 Heilmethoden:

- *Vamana:* Behandlung durch Veranlassung zum Erbrechen
- *Virechana:* spezielle Methoden des Abführens
- *Basti:* verschiedene Arten des Einlaufs
- *Nasya:* Nasenbehandlung durch Einträufelung von Kräuterzubereitungen
- *Rakta-Mokshana:* verschiedene Formen des Aderlaß

Vor- und Nachbehandlung beziehen Ölmassagen, Dampfbäder, Diät und gesundheitsbildende Maßnahmen wie Schulungen mit ein. Im Anhang des Buches finden Sie die Anschrifte deutscher Kliniken, die Maharishi-Ayurveda praktizieren. Nur unter dem Markennamen *Maharishi-Ayurveda* wird das vollständige Gesundheitsprogramm, wie es in diesem Buch beschrieben wird, angeboten.

Besonders die *Abhyanga-Massage* wird von den Patienten als äußerst wohltuend empfunden. Zwei Therapeuten massieren den gesamten Körper über eine halbe Stunde mit warmem Kräuteröl. Beim *Pizichil* oder Königsguß wird der Körper einem Strahl erwärmten Öls ausgesetzt (Foto S. 83).

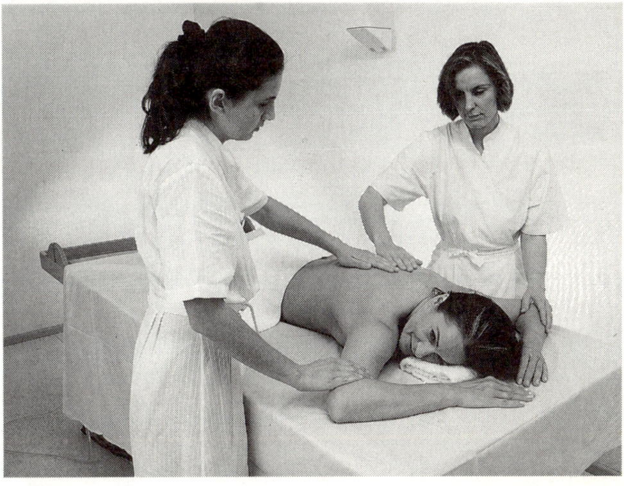

Abhyanga-Massage

Schon nach den Tagen der Vorbehandlung empfinden die meisten Patienten eine grundlegende Veränderung ihres Befindens. Gefühle von Müdigkeit, Abgespanntheit, Erschöpfung und Unlust machen einer zunehmenden inneren Klarheit, Wachheit und Energie Platz. Die Intensivbehandlung nimmt täglich zwischen 2 und 4 Stunden in Anspruch. Dabei folgt der Patient den für ihn individuell erstellten Behandlungsplänen.

Im Anschluß an den stationären Aufenthalt wird dem Patienten die Einnahme besonderer Nahrungsmittelzusätze, der sogenannten *Rasayanas* verordnet. Diese Aufbaupräparate halten den Behandlungsersfolg der Kur aufrecht oder vertiefen ihn sogar.

Charaka schreibt über die Rasayana-Therapie: *„Es gibt zwei Arten von Therapeutika, solche, die die Stärke und Immunität im Gesunden fördern, und solche, die die Krankheiten heilen. Die aufbauende Therapie führt zu Langlebigkeit, gutem Gedächtnis, vermehrter Intelligenz, Freiheit von Krankheiten, jugendlichem Aussehen, exzellenter Ausstrahlung, Erscheinung und Stimme, optimaler körperlicher Stärke und klaren Sinnen. Man erreicht seine Lebensziele mit Leichtigkeit und erwirbt das Ansehen der Mitmenschen. Die Therapie mit Rasayanas führt zu einer optimalen Ernährung und Stabilisierung aller Körpergewebe.“*

Einer der Vorreiter der Verbreitung des Maharishi-Ayurveda in Deutschland, Dr. H. Schäffler, beschreibt in einer Studie an 126 Patienten, von denen 30 an einer Panchakarmakur teilnahmen und 96 ausschließlich Rasayanas einnahmen, die Wirkung der Rasayanatherapie.

Die in der Zeitschrift *„Erfahrungsheilkunde – Acta medica empirica“* erschienene Studie zeigt, bei einer durchschnittlichen Verbesserung der Beschwerden in 79 % der Fälle, eine Besserung der Symptome bei 100 % aller Patienten mit chronischer Nasennebenhöhlenentzündung (Sinusitis chronica) und eine immerhin 88%ige Verbesserung bei den an rheumatoider Arthritis Erkrankten. Die rheumatische Gelenkserkrankung wird in der modernen Medizin gewöhnlich nur mit stark nebenwirkungsträchtigen Schmerzmitteln und Entzündungshemmern behandelt. Die Linderung der Schmerzen wird dabei teuer erkauft durch eine starke Belastung von Leber, Nieren und dem Blutbild durch die chemischen Antirheumatika. Darüber hinaus ist der Behandlungserfolg nur sehr relativ, denn sobald der Rheumakranke das Schmerzmittel absetzt, kehren die Beschwerden meist schnell zurück.

Der Erfolg der Maharishi-Ayurveda-Präparate ist damit in doppelter Hinsicht erstaunlich gut, denn die Beschwerden konnten deutlich vermindert werden, Nebenwirkungen traten nicht auf, und der Effekt der Therapie war von Dauer.

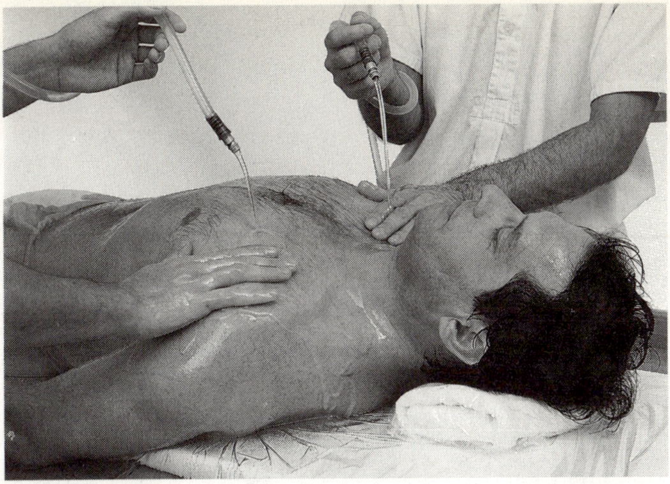

Pizichil oder Königsguß

Insgesamt kam es bei den 10 untersuchten Krankheitsbildern

- rheumatoide Arthritis
- Bronchialasthma
- chronische Bronchitis
- Ekzem
- Psoriasis (Schuppenflechte)
- hoher Blutdruck
- chronische Verstopfung
- Kopfschmerzen
- chronische Nebenhöhlenentzündung
- Diabetes mellitus

zu einer Besserung bei 79 % der beteiligten Patienten. Die Patienten bekamen neben der Anwendung der Präparate des Maharishi-Ayurveda Hinweise für ihre häuslichen Ernährungsgewohnheiten und ihr Verhalten.
Das Diagramm zeigt den Behandlungserfolg nach 3 Monaten. Besonders erwähnenswert hierbei ist, daß ein Großteil der Patienten die ayurvedischen Präparate einnahmen, jedoch nicht an einer Panchakarma-Intensivkur teilgenommen hatten. Der Behandlungserfolg ist unter diesem Aspekt betrachtet erheblich.

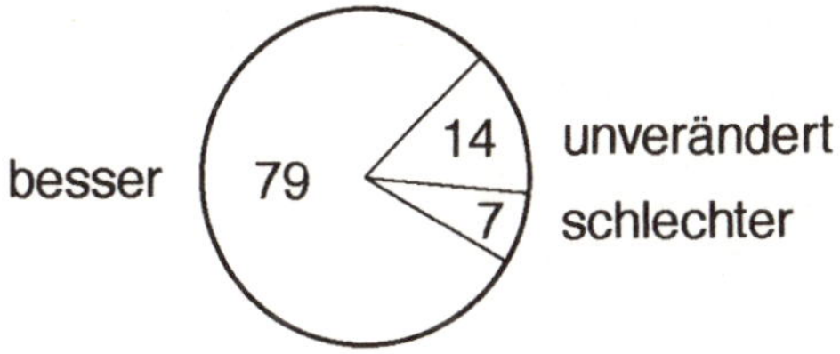

Besonderheiten ayurvedischer Pflanzenheilkunde

Im Maharishi-Ayurveda spielt der therapeutische Einsatz von heilenden Pflanzen und deren Extrakten eine wichtige Rolle, da sie als die Repräsentanten der unterschiedlichen Naturgesetze der unverfälschte und ursprüngliche Ausdruck der Intelligenz der Natur sind und auf vielfältige Weise durch innerliche und äußerliche Anwendung helfen, die gesunden Intelligenzmuster jedes einzelnen Funktionskreises des Organismus wiederherzustellen. Nach ayurvedischem Verständnis lassen sich 4 grundlegende Ansatzpunkte der Pflanzenarzneien unterscheiden:

- Sie wirken unmittelbar auf das Gleichgewicht der drei Doshas und beeinflussen auf diese Weise geistige, physiologische und emotionale Zustände simultan, indem sie die Doshas verringern oder verstärken.
- Eine große Zahl sowohl der in Asien beheimateten als auch der abendländischen Pflanzen ist in der Lage, den Organismus von Schlackenstoffen zu reinigen. Auch diese Entgiftungsfunktion erstreckt sich auf die Gesamtheit der menschlichen Psychophysiologie.
- Ein Gewebe oder Organ des Körpers kann überernährt, mit Giftstoffen belastet sein, es kann sich aber auch in einem Zustand eines Defizits, eines Mangels an notwendigen Stoffen befinden. Hier verfügt der Ayurveda über das Wissen, solche Mangelzustände zu erkennen und mittels pflanzlichen und mineralischen Zubereitungen zu beheben.
- Die Nahrungsergänzungspräparate des Maharishi-Ayurveda durchlaufen Herstellungsprozesse, die in einigen Fällen Jahre dauern und in denen die wirksamsten Eigenschaften „wachgerufen werden“ durch komplizierte Zerkleinerungs-, Veraschungs-, Erhitzungs- und Vermischungsprozesse, deren genaue Herstellungsvorschiften dem uralten Wissen des Ayurveda entstammen.

Ein gesundes Organ arbeitet auf der Basis eines ungestörten biochemischen und bioelektrischen Stoffwechsels, ein krankes Organ- oder Organsystem beherbergt in seinem „Programm“ auch fehlerhafte Informationen. Heilpflanzen wirken reorganisierend auf Zellen, Gewebe und Funktionen ein: Sie vermitteln dem Organ die fehlenden „Daten“, die für eine gesunde Stoffwechseltätigkeit benötigt werden.

Wichtige, in der Apotheke erhältliche ayurvedische Heilpflanzen und ihre bewährtesten Anwendungsgebiete

Die Fülle der im Maharishi-Ayurveda vorhandenen pflanzlich-mineralischen Nahrungsergänzungsmittel ist sehr groß, die Sammlung und Zubereitung von Pflanzen und mineralischen Stoffen und die Art ihrer Aufbereitung und Fertigstellung in Tablettenform, Öl, Pulver oder Paste basieren auf jahrhundertealten Rezepturen, auf den Überlieferungen der alten Schriften und dem vererbten Wissen heutiger ayurvedischer Ärzte, der Vaidyas.

> Diese Präparate heilen als Teil des ganzheitlichen Konzepts von Maharishis vedischem Gesundheitsprogramm Ungleichgewichte und Funktionsstörungen über ihren psycho-neuro-immunologischen Ansatz, so daß Wohlbefinden und Gesamtgesundheit des Patienten wiederhergestellt werden.

Neben der Anwendung dieser vom Heilpraktiker oder Arzt verordneten Nahrungsergänzungen bietet sich darüber hinaus für den Leser die Möglichkeit, sich selbst mit einigen im Ayurveda genutzten Heilpflanzen und Gewürzen vertraut zu machen und ihre spezifischen Qualitäten kennenzulernen.
Wir geben hier einige Anwendungsgebiete derjenigen Pflanzen wieder, die in Apotheken erhältlich sind, die ungiftig sind und leicht zubereitet werden können.
Verwenden Sie die genannten Kräuter- und Kräutermischungen als Tee, indem Sie jeweils 1 Teelöffel der Mischung mit ¼ Liter kochendem Wasser übergießen und diesen Aufguß 5 Minuten ziehen lassen. Trinken Sie morgens, mittags und abends 1 Tasse des warmen, frisch zubereiteten Tees.
Diese Eigenanwendung ersetzt nicht irgendeine medizinische Maßnahme oder

Untersuchung, kann aber begleitend durchgeführt werden. Einige Wurzeln und Kräuter sind auch in gemahlener Form als Pulver in den Apotheken zu bekommen, nehmen Sie diese ebenfalls 3mal täglich zu sich, indem Sie ½ Teelöffel des Pulvers in einer Tasse abgekochtem heißem Wasser einnehmen. Diese Art der Anwendung wirkt oft intensiver.
Obwohl genaue Anweisungen zur Einnahme jeder einzelnen Heilpflanze bestehen, machen Sie keinen Fehler, wenn Sie Pflanzen, die auf den Verdauungstrakt oder die Ausscheidung wirken, vor dem Essen zu sich nehmen und solche, die auf die obere Körperhälfte wirken, wie z. B. herz-, lungen- oder kreislaufwirksame Pflanzen, nach dem Essen einnehmen.

Augenleiden, besonders entzündliche

Augentrost (Herba Euphrasiae)

Eine bei uns weitverbreitete Waldpflanze, sie ist in der Lage, entzündliche Reizzustände der Augenbindehaut und der Lider zu reduzieren. Sie wird dafür zu gleichen Teilen gemischt mit Rosenblüten und Süßholzwurzel. Bereiten Sie einen Tee wie oben beschrieben, trinken Sie ihn 3mal täglich, und feuchten Sie mit dem lauwarmen Kräuteraufguß außerdem ein Baumwolltuch an, das Sie für jeweils 10 Minuten auf jedes Auge auflegen.

Rosenblüten (Flores Rosae)

Rosenblüten, die uns eher als Bestandteil von Kosmetika bekannt sind, werden im Ayurveda seit jeher hoch geschätzt. Sie gleichen Imbalancen aller drei Doshas aus, haben aber eine besonders intensive Heilwirkung auf sämtliche Pittastörungen. So kühlen und erfrischen Sie „überhitztes“ Pitta, wenn es sich als Konjunktivitis (Augenbindehautentzündung), wunde Stellen der Wangenschleimhaut (Aphthen) oder als Folgeerscheinung übergroßer sommerlicher Hitzeeinwirkung bemerkbar macht.
Frische (ungespritzte!), getrocknete oder als Gelee verarbeitete Rosenblüten, aber auch in sehr kleinen Mengen verwendetes naturreines Rosenöl werden auf entzündete Areale aufgetragen, in warmer Milch oder in Lassi getrunken.
Lassi bezeichnet ein ayurvedisches Getränk, bei dem frischer Joghurt im Verhältnis 1 : 1 bis 1 : 4 mit Wasser vermischt wird, was besonders gut im

Mixer gelingt. Rosenlassi bereitet man aus 1 Teil Joghurt gemischt mit 2 Teilen Wasser zu. Einer Menge von 0,7 Litern Rosenlassi fügt man 1 Teelöffel voll Kardamompulver und 3 Eßlöffel voll Rosengelee oder Rosenmarmelade bei, die bestellt werden können und in asiatischen Läden erhältlich sind. Dieser Trunk schmeckt besonders im Sommer angenehm und reduziert auch Überforderungserscheinungen des Nervensystems als Folge von Pittastörungen.

Rosenöl natürlichen Ursprungs ist selten und kostspielig. Es kann effektiv im Sinne der Aromatherapie eingesetzt werden, um Harmonie in der häuslichen Atmosphäre herbeizuführen; Herzlichkeit und freundlicher Umgang der Familienmitglieder untereinander werden gefördert.

Bei dem in der Naturheilkunde als Aromatherapie bekannten Verfahren wird in einem erwärmten Gefäß Wasser erhitzt, dem einige Tropfen eines ätherischen Öls zugesetzt werden. Das im Raum freiwerdende Öl führt zu einem „olfaktorischen Heilreiz" – die Geruchsnerven sind die am unmittelbarsten mit dem Gehirn korrespondierenden Nerven des Körpers – und über die Anregung von Neuropeptiden oder Endorphinen (den „Botenstoffen von Glücksempfindungen") zu einer positiven Beeinflussung unserer Stimmungslage.

Der Maharishi-Ayurveda hat dieses System perfektioniert, indem er subtil abgestimmte Duftöle nutzt, um die drei Doshas in einen Zustand vollkommener Ausgeglichenheit zu bringen.

Süßholzwurzel (Radix Liquiritiae)

Sie ist der 3. Bestandteil der Augenmedizin. Süßholzwurzel kann als Tee oder Pulver eingenommen werden, wobei sie Vata und Pitta reduziert, bei längerer hochdosierter Anwendung kann Kapha jedoch verschlimmert werden.

Während der äußerliche Einsatz bei Wunden, Geschwüren oder zur Verbesserung der Sehkraft unbedenklich ist, sollte man auf diese Droge bei vorhandenen Ödemen, Wasseransammlungen jeder Art im Körper oder Osteoporose verzichten, da Süßholz die Kalzium- und Kaliumaufnahme hemmt.

In mäßigen Mengen ist es eins unserer besten Heilmittel bei Magenschleimhautentzündung – Süßholz, also auch einfaches Lakritz, enthält einen dem körpereigenen Kortisol ähnlichen Stoff, der jede Entzündung vermindert – und löst bei Bronchitis festsitzenden Schleim.

Besondere Vorteile sind darüber hinaus, daß Süßholz andere Heilpflanzen bei einer Zugabe zu Teemischungen in ihrer Wirkung harmonisiert und auch

Kinder gerne mit Süßholz gesüßten Tee trinken, der ihren Husten stillt oder die laufende Nase heilt. Auch Erwachsene nehmen gern Süßholz statt Zukker oder künstlichem Süßstoff.
Der Ayurveda beurteilt diese Wurzel als ein ausgezeichnetes Mittel, das Zufriedenheit, Wohlbefinden und eine angenehme Stimme fördert, den Verstand beruhigt und besänftigt und Sehkraft, Teint und Haarwuchs verbessert.

Angina pectoris

Herz-Kreislauf-Erkrankungen stellen die häufigste Todesursache in den modernen, technologisch hochentwickelten Nationen dar. Reizüberflutung, Zeitdruck und die Dominanz des Leistungsdenkens gelten als Auslöser von Herzschmerzen, die in die linke Schulter und den Arm ausstrahlen können. In den USA konnte man in Tierversuchen nachweisen, daß erhöhte Cholesterin- und Triglyzeridspiegel im Blut, die als eine Ursache für Angina pectoris angesehen werden, ebenfalls als Folge von Dauerstreß auftreten. Zwei Gruppen von Schimpansen erhielten entgegen ihren natürlichen Nahrungsgewohnheiten täglich hohe Dosen von Fett mit dem Futter verabreicht. Die eine Gruppe wurde darüber hinaus einer anhaltenden Belastung durch Lärm ausgesetzt, während die Kontrollgruppe in ihrer natürlichen Umgebung verblieb.
Obwohl beide Gruppen fettreiche Nahrung erhielten, zeigte nur die streßbelastete Gruppe einen deutlichen, statistisch hochsignifikanten Anstieg der Blutfette am Ende des Versuchs. Umweltbedingte Streßreize mit der Folge einer psychosomatischen Reaktion wurden somit als Hauptverursacher erhöhter Blutlipide erkannt. Die weitverbreitete Ansicht, ausschließlich Ernährungsfaktoren hätten entscheidenden Einfluß auf den Blutfettspiegel, scheint in dieser Konsequenz nicht zuzutreffen.
Daß auch Arteriosklerose als Folge starken emotionalen Stresses auftreten kann, bestätigten Untersuchungen an im Vietnamkrieg gefallenen Soldaten. Die Herzkranzgefäße der großenteils erst 25–30 Jahre alten Soldaten wiesen extreme Verkalkungszustände auf, wie sie gewöhnlich nur bei sehr alten und schwer herzkranken Menschen gefunden werden.

Weißdornfrüchte (Fructus Crataegi)

Der Weißdorn ist die vielleicht bekannteste Naturarznei. Ältere Menschen greifen gern auf diese uralte Heilpflanze zurück, wenn es um die Selbstbehandlung einer Herzschwäche geht. Eine herzstärkende Wirkung wird dem Weißdorn nachgesagt, und moderne Forschungen scheinen seine allgemein tonisierende und möglicherweise auch lebensverlängernde Heilwirkung zu bestätigen.

Experimentell untersuchte man, ob ein lebensverlängernder Effekt aus dem herz- und kreislaufstärkenden Einfluß des Weißdorns resultiert. Zu diesem Zweck wurde eine Kohlweißlingpopulation in Inzucht vermehrt. Während der Teil der Schmetterlingszucht, der mit artgemäßer Nahrung gehalten wurde, nach einiger Zeit ausstarb, überlebten in der Tat die Schmetterlinge, die mit Weißdornblättern gefüttert wurden, trotz der stark erschwerten Lebensbedingungen.

Die Forschungsergebnisse westlicher Pflanzenheilkundiger decken sich mit den Erfahrungen der ayurvedischen Pflanzenheilkunde, die beim Weißdorn von einer vataverringernder Wirkung und einem besonderen Heileffekt auf vatabedingte Altersleiden ausgeht.

Weißdornfrüchte werden in Form alkoholischer Extrakte, als Preßsaft und als Tabletten angeboten. Alle diese Zubereitungsformen sind wirksam bei Herzleiden verschiedener Art.

Im Ayurveda wird Weißdorn mit anderen Pflanzen kombiniert (z. B. mit Zimtrinde und Kardamom) und bei degenerativen Herzleiden wie Arteriosklerose der Herzkranzgefäße, mangelnder Sauerstoffversorgung des Herzmuskels, Herzinsuffizienz und hohem Blutdruck eingesetzt. Auch bei jüngeren Patienten hilft er bei nervösen Herzbeschwerden und starkem Herzklopfen.

Der Ayurveda nennt den Weißdorn außerdem als ein gutes verdauungsförderndes Mittel, das bei Zysten und Divertikeln, den zu Entzündungen neigenden Aussackungen des Magen-Darm-Trakts, die Beschwerden lindern kann.

Zahlreiche Patienten nehmen Weißdorn als zusätzliches Naturheilmittel ein, um die Nebenwirkungen der von Schulmedizinern verschriebenen chemisch-synthetischen Herzmedikamente, wie Betablocker oder Nitroverbindungen, zu verringern, und zur „Herzpflege“.

Man setzt einer Mischung aus 1 Teelöffel Weißdornfrüchte mit den Blättern und Blüten der Weißdornpflanze ½ Teelöffel gemahlene Zimtrinde zu und trinkt diesen Tee 3mal täglich über eine lange Zeit.

Blasenreizung, wiederkehrende oder akute

Brenngefühl oder Schmerzen beim Wasserlassen, eventuell begleitet von einer diffusen Druckempfindung im Unterleib, sind die häufigsten Begleiterscheinungen der besonders bei Frauen so häufigen Blasenentzündung. Beteiligte Erreger können im Harn nachgewiesen werden.
Der Ayurveda sieht die Hauptursache dieses Leidens in einer Vorschwächung des Organismus durch allgemeine Überforderung, emotionalen Druck und Erkältung des Körpers bei entsprechender Witterung. Die ayurvedische Behandlung dieser Erscheinung ist erfolgversprechend, wenn sie über 4 Wochen und bei Neigung zu Rezidiven längere Zeit durchgeführt wird.
Täglich werden 6 Tassen Tee einer Mischung aus Koriander, Eibisch und Bärentraubenblätter getrunken.

Koriander (Coriandrum sativum)

Die kugelförmigen Koriandersamen sind uns aus der Weihnachtsbäckerei bekannt. Sie schmecken in Gemüse- und auch Süßspeisen angenehm süßlich-würzig.
Im Ayurveda wird diese Pflanze in frischer, getrockneter Form und ihre Samen (Fructus Coriandri) gleichermaßen geschätzt als äußerst breit wirkende Arznei zur Behandlung vieler Verdauungsprobleme, von Störungen des Harntrakts über Allergien bis zu Heuschnupfen und Hautausschlägen. In vielen dieser Fälle wird jedoch der frische Saft zur Behandlung vorgezogen, was eine eigenständige Nutzung durch den westlichen Anwender erschwert.
Koriander hilft, ein Gleichgewicht von Vata, Pitta und Kapha zu erreichen, er wirkt aber vor allem entzündungshemmend und pittaverringernd. Er stellt eines der im Ayurveda am häufigsten gebrauchten Diuretika (harntreibende Mittel) und Diaphoretika (schweißtreibende Substanzen) dar.
Koriander wird gern als Tee gebraucht, wobei man bei der akuten Blasenreizung täglich etwa 1 Liter des Tees warm zu sich nimmt. Man überbrüht 2 Eßlöffel möglichst frischer Koriandersamen, 2 Eßlöffel Eibischwurzel und 2 Eßlöffel Bärentraubenblätter mit 1 Liter kochendem Wasser und seiht nach 10 Minuten Ziehen ab.

Eibischwurzel (Radix Althea)

Sie dient als weiteres, sehr wirksames harntreibendes Mittel in dieser Mi-

schung und verhilft ebenfalls Vata, Pitta und Kapha zu einem Gleichgewicht. Diuretika eliminieren Kapha aus dem Körper, da sie Wasser, ein Hauptanteil des Kaphadosha, reduzieren und gleichzeitig Pitta (Hitzeenergie) vermindern, indem sie helfen, das „Blut zu kühlen". Allen Diuretika ist – allerdings in verschiedenem Maße – gemein, daß sie Pitta und Kapha ausleiten, so Ödeme, besonders solche der unteren Körperhälfte, beseitigen helfen, Hitzeansammlungen, die von einem übermäßigen Stoffwechsel des Pitta herrühren, in Leber, Galle, Blut, Magen-Darm-Trakt und Harnwegen auflösen und Steinen in Nieren oder Blase vorbeugen.
Diesem Zweck dienen auch *Bärentraubenblätter (Folia Uva Ursi).*

Der Maharishi-Ayurveda betont besonders bei Nieren- oder Blasenerkrankungen die Notwendigkeit, regelmäßig abgekochtes heißes Wasser zu trinken, um sowohl Flüssigkeitsdefiziten als auch Folgen mangelnder Ausleitung von Stoffwechselmetaboliten (Endprodukten des Zellstoffwechsels) vorzubeugen.
Kochen Sie morgens 1 Liter Wasser 10 Minuten lang ab, und füllen Sie es in eine Thermosflasche. Trinken Sie nun den ganzen Tag über, wenn möglich halbstündlich, einige Schluck des auf Trinktemperatur abgekühlten Wassers. Nehmen Sie zusätzlich den Kräutertee ein.
Das spezielle Panchakarma-Programm des Maharishi-Ayurveda setzt Kräuterdampfbäder, Diät und Präparate zur Behandlung der Zystitis und Beseitigung von vorhandenem Nierengrieß ein.

Bluthochdruck

Eine weitere in den Ländern der modernen Welt weitverbreitete Krankheit, von deren alleiniger Selbstbehandlung eher abzuraten ist.
Man unterscheidet Bluthochdruckarten, die durch Störungen von Vata (oft streß- und nervositätsbedingt), Pitta (entsteht durch Störungen von Pittadosha und verschlimmert sich in vielen Fällen durch pittaerhöhende Nahrungsmittel und Lebensweise, Kaffee, Nikotin und Alkoholgebrauch) oder Kapha (z. B. auf der Basis einer Adernverkalkung) oder einer Störung mehrerer Doshas gleichzeitig verursacht sind.
Der westliche Mediziner unterscheidet einen *essentiellen* Bluthochdruck (bei dem er die Ursache nicht findet) von einem *renalen* Hochdruck, der eine Nierenbeteiligung erkennen läßt.

Neben einer immer erforderlichen Grundbehandlung der Doshastörung kennt der Ayurveda spezifische Arzneien, um den Blutdruck zu normalisieren: Rauwolfia, den schon erwähnten Weißdorn und Helmkraut.

Rauwolfia serpentina (Schlangenwurzel)

Rauwolfia ist eine typische ayurvedische Heilpflanze, die durch die Erforschung ihres Inhaltsstoffes Reserpin schon sehr früh westliche Mediziner und Biochemiker auf den Ayurveda aufmerksam werden ließ. Mahatma Gandhi trank Rauwolfiatee gegen geistige Erschöpfung. Wegen ihrer starken Wirkung ist die Pflanze bei uns verschreibungspflichtig und darf nur gegen Rezept abgegeben werden. Eine homöopathisch aufbereitete und verdünnte Form der Rauwolfiatinktur, die ebenso wirksam ist wie der Gesamtextrakt, ist jedoch in der Apotheke frei verkäuflich.
Diese Pflanze ist fester Bestandteil vieler ayurvedischer Rezepturen und Medikamente und ihr Einsatz in Indien weit verbreitet zur Senkung des erhöhten Blutdrucks, zur Vorbeugung gegen Schlaganfall und bei kongestivem, einem durch Blutstauung hervorgerufenem Kopfschmerz.

Helmkraut (Herba Scutellariae)

Helmkraut ist eine in Amerika oft genutzte Heilpflanze, Mitglieder der Pflanzengattung findet man jedoch weltweit. Herba Scutellariae beruhigt besonders pittabezogene Gefühle und Symptome wie Ärgerlichkeit oder Reizbarkeit und beruhigt Nerven und Herz. Eine blutdrucksenkende Wirkung erfolgt durch das Helmkraut besonders dann, wenn die Hypertonie auf Pittastörungen basiert.

Bronchitis und Erkältungskrankheiten

Entzündungen der Atemwege sind häufig auf ein Übermaß an Kapha im Brustraum zurückzuführen. Kaphaansammlungen können zu Atemnot, Beklemmung, überhöhter Schleimbildung, Husten mit Auswurf, Schwäche und Kältegefühlen führen. Sehr zahlreiche Heilpflanzen mit bitterem, scharfem und herbem Geschmack helfen, Kapha zu vermindern und den Körper vom dabei akkumulierten Ama (Stoffwechselschlacken) zu befreien.
Neben der halbstündlichen Anwendung des heißen Wassers (s. S. 91), dem

Verzicht auf feste Speisen und einer mehr flüssigen Ernährungsform (bestehend aus Suppe, Reis, gedünsteten Gemüsen und frischen Säften) für einige Tage kann man reichlich Tee aus einer Mischung folgender Zusätze in Pulverform oder als Aufguß trinken:

- Sonnenhut (Herba Echinacea)
- Thymian (Herba Thymi)
- Süßholzwurzel (Radix Liquiritiae)
- Ingwerwurzelpulver (Radix Zingiberis pulvis)
- Salbei (Herba Salviae)
- Kardamom (Fructus Coriandri)
- Nelken
- Kalmus (Rhizoma Calami)

Magenschleimhautreizung, Übelkeit

Bei einer Neigung zu wiederkehrenden entzündlichen Beschwerden des Magen- und Dünndarmtrakts ist – nach diagnostischer Abklärung – die ayurvedische Diät und Heilpflanzenanwendung sehr hilfreich. In fast allen Fällen wird man eine pittareduzierende Diät (s. Seite 40) bevorzugen.

Meiden Sie besonders Gewürze und alle Reizstoffe, und bevorzugen Sie Speisen, die Pitta vermindern, wie süße, bittere und herbe Nahrungsmittel und Getränke: Weizen, weißer Reis, Rohrzucker, sehr reifes, süßes Obst (wie Pflaumen, Mangos, Kokosnüsse, Birnen, Weintrauben und Kirschen), Olivenöl, Ghee (s. S. 165), Spargel, Chicorée, Zucchini, Gurken, Kartoffeln, Hülsenfrüchte und Milch.

Bittere und süße Heilpflanzen helfen oft schnell, den Zustand zu bessern:

- Süßholz
- Enzian (Herba Gentianae; in geringen Mengen, da Enzian die am stärksten bitteren Stoffe des Pflanzenreichs enthält, die noch in einer Verdünnung von 1 : 20.000 deutlich bitter schmecken!)
- Helmkraut
- Pfefferminzblätter
- Schafgarbe (Herba Achillea millefolium)

Bei einer akuten, stärkeren Entzündung der Magenschleimhaut kann es sein, daß man selbst die besten pflanzlichen Heilmittel am Anfang der Behandlung nicht verträgt. In diesem Fall muß man äußerst behutsam vorgehen und mit sehr dünnem Pfefferminztee, gemischt mit Süßholzwurzelpulver, beginnen.

MCS-Syndrom

Unter MCS-Syndrom versteht man ein relativ neues, sich jedoch schnell verbreitendes Krankheitsbild, das durch eine Form von multiallergischer Reaktion gekennzeichnet ist. MCS bedeutet *Multiple Chemical Sensitivity* und bezeichnet einen Zustand, den man als die Folge einer starken Allergie auf die vielfältigen chemischen Produkte unserer industrialisierten Welt ansieht. Viele Patienten stellen erschreckt fest, daß bei ihnen schnell eine Haut- oder Allgemeinreaktion erfolgt, sobald sie mit chemischen Substanzen, Metallen, oder auch Stoffen aus dem Wohn- oder Arbeitsumfeld in Kontakt kommen. In diesen Fällen beginnt manchmal eine wahre Odyssee der Patienten zu den verschiedenen Haut- und Allgemeinärzten. Die Empfehlung, langzeitig kortisonhaltige Salben anzuwenden, schreckt jedoch meist ab wegen der vielfältigen und bekannten Nebenwirkungen dieses Pharmazeutikums.
Die Ursache dieser Erkrankung, die vielfältige Symptome hervorruft, ist bei einer Überlastung des körpereigenen Immunsystems in seinen Abwehrfunktionen gegenüber eindringenden Substanzen sowie auch gegenüber Bakterien, Pilzen und Viren zu suchen. Das Abwehrsystem ist dabei blockiert und durch angesammelte Umweltgifte regelrecht vergiftet. Man vermutet im besonderen 5 Auslösersubstanzen: Holzschutzmittel, Lösungsmittel, Dentallegierungen (Stoffe aus der Zahnheilkunde, wie Amalgam und Palladium), Biozide und Formaldehyd.
Der Leidensdruck der Betroffenen ist sehr groß: Vor allem neurologische Symptome führen zu ständiger Müdigkeit, Angstzuständen, Schwindelerscheinungen, Antriebsschwäche, Kopfschmerzen und Konzentrationsstörungen. Der Patient wird mit der unbefriedigenden Diagnose „Streßsyndrom" entlassen, da bei ihm herkömmliche Blutparameter und Laborbefunde meist in der Norm sind. Schwermetallbelastungen und Empfindlichkeit auf vielfältige chemische Stoffe können auf diesem Weg jedoch nicht ermittelt werden.
Weltweit sind in den letzten 10 Jahren Forschungsprojekte begonnen worden, die sich mit dem Thema Umwelttoxikologie befassen, viele Institute suchen nach Wegen, die Schadstofffreisetzung in Industrie, Verkehr und Privathaushalt zu vermindern. Ein weiteres Forschungsgebiet der Medizin ist die Allergologie, die sich mit Möglichkeiten befaßt, schädliche Auswirkungen der Gifte und Allergene auf den Menschen zu vermeiden.
Der Ayurveda stellt in diesem Zusammenhang eine ideale Umweltmedizin dar, denn mittels der Diagnoseformen des Ayurveda läßt sich der Belastungs-

grad des Stoffwechsels des Patienten ermitteln, und Ayurveda repräsentiert gleichsam die „Heilkunde der Ausleitung und Vermeidung von Giften".
Die Ermittlung von Substanzen, die den Organismus belasten, kann mit Hilfe der Haarmineralanalyse noch differenziert werden. Diese können dann einer wirkungsvollen Ausleitung zugeführt werden.
Mit zunehmender Entschlackung durch ayurvedische Methoden fühlt sich der Patient besser, und alle durch die Giftbelastung entstandenen Symptome gehen gleichzeitig zurück. Dies hat den Vorteil, daß nicht unbedingt jede Krankheitserscheinung als solche behandlungsbedürftig ist, sondern als Resultat der Grundbehandlung verlieren sich Folgeerscheinungen der chronischen Vergiftung.

- Ein effektiver Entgiftungsweg ist derjenige, wasserlösliche Giftstoffe über den Magen-Darm-Trakt, die Haut und die Nieren aus dem Körper zu eliminieren. Diesem Zweck dient die Heißwassertrinkkur und die Bevorzugung überwiegend flüssiger Speisen, wie Suppen. Diese Möglichkeiten nutzt die Amakur (siehe dort, Seite 139).
- Die 2. Möglichkeit, den Organismus zu entlasten, besteht darin, fettlösliche Toxine durch innerliche und äußerliche Anwendung von therapeutisch wirksamen Ölen auszuleiten. Geläuterte Butter (Ghee) wirkt innerlich giftbindend, erhöht die Gallensekretion und reinigt die Gewebe. Einmassiertes Sesamöl sorgt im Rahmen der Panchakarma- und Selbstmassage für eine Lösung über die Haut zugänglicher Schlacken.
- Drittens kann eine schnelle Besserung des MCS-Syndroms eintreten, wenn, abgestimmt auf die Doshas des betreffenden Patienten, eine antitoxische Diät befolgt wird. Zu bedenken ist, daß auch solche Lebensmittel vermieden werden sollen, die mit hoher Wahrscheinlichkeit Rückstände synthetischer Stoffe beinhalten. Beispiele solcher Risikolebensmittel sind Innereien von Schwein und Rind, Produkte mit Süß- und Farbstoffen, konservierte Lebensmittel und solche, die künstliche oder sogenannte naturidentische Aromen enthalten.

Heilpflanzen des Ayurveda gegen MCS: Das Präparat MA 505 (s. S. 108) hat hier eine besondere Bedeutung zur Toxinelimination über den Darm, Sonnenhut, Kanadische Gelbwurz und Goldrute sind spezifisch wirksam.

Sonnenhut (Echinacea angustifolia)

Echinacea ist den meisten Menschen der westlichen Industrienationen ein Begriff als zuverlässiges Mittel gegen Erkältungskrankheiten. Der Ayurveda setzt sowohl die Wurzel als auch die Gesamtpflanze bei toxischen, durch Gifte entstandenen Zuständen des Organismus ein, wie

- Giftbelastungen aller Art im Blut, wie bei Blutvergiftungen oder Schlakken im Lymphsystem,
- Ekzemen,
- Geschlechtskrankheiten, Entzündungen, Wunden, Geschwüren, Infektionen und Abszessen.

Der Ayurveda rät, im Gegensatz zur westlichen Pflanzenheilkunde, die keinerlei Nebenwirkungen der Echinacea kennt, zur Vorsicht bei der Anwendung. Liegen Zustände eines erhöhten Vata vor, sollte die Pflanze nicht oder nur kurze Zeit angewendet werden, da sie Vataerscheinungen, wie Nervosität, Unruhe oder Schlaflosigkeit, verschlimmern kann.

In der Tat kann der Sonnenhut gelegentlich hohen Blutdruck bei gefährdeten Personen weiter erhöhen und sollte generell nicht spät abends gebraucht werden, da er ruhiges, tiefes Schlafen verhindern könnte.

Bei kleinen Kindern beobachten wir häufig eine initiale Erhöhung der Körpertemperatur, so daß bei bereits bestehendem Fieber besondere Vorsicht geboten ist.

Von diesen relativen Kontraindikationen abgesehen ist die Echinaceawurzel in der Tat höchst wirksam. Eine Besserung tritt bei hoher Dosierung innerhalb von Stunden ein, wenn es um die Behandlung von Grippe, akuter Bronchitis, Nasennebenhöhlenbeschwerden, Mittelohrentzündung, Furunkulose oder Eiterbildung geht. Echinacea reduziert schnell und spürbar Gifte und Schlacken durch eine Aktivierung des Lymphsystems und der weißen Blutkörperchen und provoziert als Nebenerscheinung eine Gewichtsreduktion, da es die Fettverbrennung fördert.

Kanadische Gelbwurz (Hydrastis canadensis)

Dies ist eine besonders stark entgiftende Heilpflanze, die kaum im Handel erhältlich ist. Auch die Homöopathie nutzt den Wurzelstock dieser stark wirkenden Heilpflanze in erheblicher Verdünnung als *antidyskratisches* Mittel zur Behandlung von Giftansammlungen in Blut und Gewebe.

Der Ayurveda erkennt in dieser Pflanze ein gutes, antibiotikaähnlich wirkendes Antiseptikum, das einen vorrangigen Effekt im Magen-Darm-Trakt entfaltet, wo es Bakterien und Pilze abtötet und die Darmflora reinigt. Hydrastis befreit die gesamte Physiologie von Toxinen, einschließlich solche, die Schleimhäute und Leber, Milz und Bauchspeicheldrüse belasten. So kann

sie unterstützend bei Hepatitis, Diabetes, Ekzemen und Fieber verwendet werden.
Hydrastis canadensis sollte man nicht in hoher Dosis und über längere Zeit einsetzen, da sie dann, neben ihrer pittaverringernden Wirkung, Vatastörungen provozieren kann.
Die homöopathische Verabreichung in Tablettenform in dreifacher Verdünnung (D 3) hat keine unangenehmen Begleiterscheinungen zur Folge.

Goldrute (Solidago virgaurea)

Der Gebrauch der Goldrute zur Verbesserung der Nierenfunktion ist weit verbreitet. Goldrutenkraut wird zur Behandlung von Nierenerkrankungen entzündlicher und nichtentzündlicher Art genutzt und vermehrt die ausgeschiedene Harnmenge.
Untersuchungen mit einem Extrakt aus im Schwarzwald verarbeiteten Solidagopflanzen zeigten, daß diese Pflanze auch eine Allgemeinwirkung im Organismus auslöst. So verringert das darin enthaltene Quercitrin unangenehme Wirkungen von körpereigenem Adrenalin an den Blutgefäßwänden. Das unter Streßeinfluß stärker vom Körper ausgeschüttete Adrenalin („Streßhormon“) führt bei entsprechend disponierten Patienten schnell zu Krämpfen der arteriellen Blutgefäße mit den Folgeerscheinungen des Bluthochdrucks, der Migräne oder von Durchblutungsstörungen. Goldrute reduziert diesen Effekt und trägt so zu einem Gefäßschutz, ebenfalls an den Nierenkapillaren, bei.
Hieraus erklärt man sich den gefäßerweiternden Effekt, der über eine verbesserte Nierenfunktion eine verstärkte Ausscheidung *harnpflichtiger Substanzen* nach sich zieht. Solidago virgaurea kann im Rahmen einer Entgiftungskur deshalb empfohlen werden, um Schlackenstoffe schneller zu eliminieren. Bekannt ist, daß auch Quecksilber, das sich durch Zahnplomben vermehrt im Bindegewebe anreichert, vorwiegend über die Nieren ausgeschieden wird; das gleiche gilt für Harnsäure und andere Stoffwechselendprodukte wie Kreatinin sowie für zahlreiche Umweltgifte.

Migräne

Die Migräne ist eine außergewöhnlich schmerzhafte und relativ weitverbreitete Erkrankung, von der mehr Frauen als Männer betroffen sind. Die Schulmedizin sucht nach Auslösern auf der Basis von hormonellen, vegetativen oder durchblutungsbedingten Störungen des Organismus. In der Naturheilkunde wird der Migräneanfall eher als eine „Entladung“ nach einer übergroßen Anspannung im Nervensystem angesehen, die von einem Gefäßkollaps begleitet ist. Aus dieser Sicht ist der Migräneanfall bereits eine – wenn auch sehr schmerzhafte – Heilreaktion und nicht das wirkliche Übel. Behandelt werden muß die zugrundeliegende Überforderung, die sich in einem Aufstauen von Pitta- und/oder Vatadosha zeigt.

Heilpflanzen sollten auf der Basis der gestörten Doshas ausgewählt werden, was individuell geschehen sollte. Beispiele für Heilpflanzen, unter denen man im Einzelfall wählen sollte:

- Basilikum
- Chrysanthemenblüten (Flores Chrysanthini)
- Salbei
- Schafgarbe
- Baldrianwurzel (Radix Valerianae)
- Rosenblüten
- Safran
- Helmkraut

Besonders bewährt in der Migräneprophylaxe hat sich neben der transzendentalen Meditation die *Gandharvamusik*. Bestellen Sie eine Kassette, treffen Sie aber zuerst Ihre Wahl unter den unterschiedlichen Musikdarbietungen und Instrumenten, wie Flöte, Sitar oder Gesang der verschiedenen Maharishi-Gandharvamusiker, um dann die Gandharvamusik herauszufinden, die Ihnen persönlich am angenehmsten ist. Hören Sie diese Musik zweimal am Tag für nur wenige Minuten mit geschlossenen Augen, wobei Sie mit Ihrer Aufmerksamkeit entspannt bei der Musik bleiben. Hören Sie also richtig hin, und folgen Sie den Klängen und Melodien, und wenn Sie merken, daß Sie durch einen Gedanken von der Musik abgelenkt wurden, wenden Sie die Aufmerksamkeit erneut bewußt den Klängen zu.

So zu verfahren, ist wirksamer und sehr viel erholsamer für das vegetative Nervensystem, als sich während einer konzentrationserfordernden Arbeit von der Musik „berieseln zu lassen“, was zu erneuten Anspannungen führen kann. Bei leichter häuslicher Tätigkeit kann die Musik jedoch leise im Hintergrund laufen. Wenn Sie sich – vielleicht nach einer Gewöhnungszeit an diese im ersten Moment möglicherweise fremdartigen Klänge – mit der Gandharvamusik „angefreundet“ haben, wird sie wahrscheinlich helfen, die Migräneanfälle seltener werden zu lassen, da gerade die Maharishi-Gandharvaklänge die Funktionen des Zentralnervensystems und der Gefäßnerven ausgleicht.

Neurasthenie

Die Nervenerschöpfung ist eine der häufigsten nachteiligen Erscheinungen des modernen Lebensstils. Das Gefühl des Ausgebranntseins ist der Ausdruck einer fortgeschrittenen Stufe von akkumuliertem Streß im gesamten Organismus. Hektische Lebensweise, Lärm, Überforderung und unpassende Ernährungsgewohnheiten tragen zu diesem Zustand bei. Das gesamte Programm des Maharishi-Ayurveda ist hier von allergrößtem Nutzen für den Betroffenen, besonders aber die transzendentale Meditation, die Gandharvamusik und die Anwendung der Ölmassage Abyhanga.
Aus dem Drogenschatz des Ayurveda stehen uns zahlreiche nervenstärkende Mittel zur Verfügung, die in der Lage sind, im Einzelfall unterschiedliche Schwächen durch Pittastörungen oder Vataturbulenzen zu beheben. Indischer Baldrian, Kalmus, Muskatnuß und Ginseng sind sehr wertvoll in der Behandlung der Neurasthenie.

Indischer Baldrian (Nardostachys jatamamsi)

Trotz ihrer Ähnlichkeiten ist diese Baldrianart breiter und effektiver wirksam als der bei uns gebräuchliche Baldrian *(Valeriana officinalis)*.
Die verschiedenen Baldrianarten liefern die wohl weltweit bekanntesten Mittel zur Beruhigung überreizter Nervenfunktionen. Der indische Vertreter der Gattung ist das möglicherweise am besten wirkende Mittel bei allen Nervenstörungen, die durch ein Übermaß an Vata entstanden sind.
Wo immer sich Vata im Körper angesammelt hat, ob im Nervensystem, in den Gelenken, den Ausscheidungskanälen oder im Blutkreislauf, die Nardostachyspflanze hilft, diese Vataakkumulation aufzulösen.
So hat diese Pflanze eine von sensiblen Menschen deutlich spürbare, schnelle Wirkung auf Unruhezustände, Schlaflosigkeit, einen regen Gedankenfluß und nervöses Herzklopfen. Durch seinen vataverringernden Einfluß heilt der indische Baldrian ebenso Neuralgien, Migräne und Koliken, sofern diese vatabedingt sind.
Es wird empfohlen, Baldrian immer gemischt mit Kalmus einzunehmen, da er isoliert zu einer Abstumpfung von nervlichen und geistigen Funktionen führen kann. Der Baldriananteil einer Mischung sollte 2mal täglich ½ g betragen.

Muskatnuß (Semen Myristicae)

Das Muskatnußpulver gehört zu den besten Heilmitteln, um den Geist zu beruhigen, Vata zu vermindern und die Schlafbereitschaft zu fördern, wenn man es vor dem Schlafen in Milch einnimmt. Muskatnuß kann auch mit Baldrian, Kalmuswurzelpulver und Bockshornkleesamen zu gleichen Teilen gemischt werden.

Ginseng

Ginseng hat sich als bekannteste chinesische Heilpflanze durchgesetzt. Jede Pflanze, gleichgültig, welcher Herkunft sie ist, kann nach ayurvedischen Kriterien bewertet werden, und ihre Eigenschaften in bezug auf die drei Doshas können aufgrund ihres Geschmacks und ihrer Wirkung im Körperstoffwechsel genau ermittelt werden.
Ginseng gleicht die 3 Doshas aus, bei zu hoher Dauerdosierung kann jedoch Pitta übermäßig vermehrt werden, und auch Vata könnte dann irritiert werden. Ginseng gehört zu den besten Tonika und den Mitteln, die Folgen von Streßeinflüssen im Körper-Geist-System abbauen. Er verhindert die Bildung freier Radikalen im Zellstoffwechsel, die als Folge von Streßeinflüssen entstehen.
Wirksamkeitsbeobachtungen bei großen Anwenderzahlen bestätigten, daß Nervosität, nervliche Labilität und Anzeichen für Alterungsprozesse (wie Konzentrationsstörungen, Müdigkeit, Mangel an Energie und allgemeine Senilität) nach mehreren Wochen der Einnahme deutlich zurückgehen.
Die Dosis soll bei 2mal täglich 250 mg liegen und nicht über einen längeren Zeitraum überschritten werden.
Eine vergleichbare, aus Indien stammende Pflanze des Ayurveda ist *Ashwaganda*. Der Name sagt aus, daß diese Pflanze in der Lage ist, dem Körper die Energie und Stärke eines Pferdes zu verleihen. Der Maharishi-Ayurveda nutzt die sehr guten Eigenschaften dieser Pflanze in verschiedenen Präparaten.

Ist die nervliche Erschöpfung des Patienten durch eine überwiegende Pittastörung verursacht, muß auch eine Anti-Pitta-Therapie erfolgen. Pflanzen wie Salbei, Helmkraut oder Jasminblüten kommen dann in Frage.

Rheumatische Erkrankungen, Arthritis

Der rheumatische Formenkreis umfaßt unterschiedliche Erkrankungen, wie entzündlichen und nichtentzündlichen Gelenk- oder Muskelrheumatismus und verschiedene Krankheiten der Knochen, Sehnen, Muskeln und Gelenkkapseln. In nahezu allen Fällen sind quälende Schmerzen ein Hauptsymptom. Sehr häufig liegt eine Bewegungseinschränkung des betroffenen Körperareals oder Glieds vor.
Rheumatismus ist immer begleitet von Amabelastungen – den im Ayurveda so eindringlich beschriebenen Stoffwechselschlacken. Morgendliche Schmerzen, Schwellungen, Ödeme, Steifigkeit der Fingergelenke oder des Rückens sind auf Toxinansammlungen zurückzuführen, die sich in der Nacht angesammelt haben bzw. nicht in der nächtlichen Entgiftungsphase des Körpers ausgeschieden wurden.
Bei Rheuma jeder Art sind generell Ölmassagen, Abyhanga, Körperübungen, Diät und die wiederholte Anwendung der Amakur angezeigt.
Zur umfassenden Diagnose und Therapie sollten in jedem Fall Präparate des Maharishi-Ayurveda nach Verordnung eingesetzt werden. Eine Panchakarmakur ist sehr empfehlenswert.
Der Ayurveda kennt daneben zahlreiche Heilpflanzen, wie Myrrhe und Bockshornkleesamen, um die verlorene Funktionstüchtigkeit der Gewebe wiederherzustellen und Schmerzen zu lindern.

Myrrhe

Myrrhe ist das zu allen Zeitaltern und weltweit in vielen Kulturen in der Medizin verwendete Harz des Myrrhestrauchs. Sie wurde nicht nur von den Ägyptern zur Einbalsamierung und Konservierung der Mumien genutzt, sondern hat generell einen gewebserneuernden, verjüngenden und regenerierenden Einfluß auf die Zellen.
Myrrhe wirkt adstringierend und reinigend auf Geschwüre, Eiterbildung und Wunden und stellt bei vielen Stoffwechselerkrankungen wie Rheumatismus, Arthritis und Gicht eins der wirksamsten Mittel zur Entgiftung dar.
Weihrauch oder *Olibanum*, eine Boswelliaart, hat ganz ähnliche Eigenschaften. Boswelliaextrakte zeigten im Tierversuch, daß Rattenpfotenödeme durch Gabe von Boswelliakomponenten schnell zurückgebildet werden konnten, ebenso zeigte sich ein statistisch signifikanter Effekt in Form einer Hemmung der Entzündungsreaktion bei der Arthritis.

Myrrhe gerät zusehends in das Interesse westlicher Heilpflanzenforscher und -anwender wegen ihrer schnellen und deutlichen Wirkung beim rheumatischen Geschehen. Sie muß immer vorsichtig dosiert werden! Eine Menge von 3mal täglich 1 Messerspitze der harzigen Substanz sollte nicht überschritten werden und nur zusammen mit anderen Wirkstoffen, wie dem Bockshornkleesamen und Süßholzpulver, Verwendung finden.

Bockshornkleesamen (Semen Foenugraeci)

Bockshornklee ist ein weiteres äußerst wertvolles Therapeutikum des Ayurveda, das tendenziell Vata- und Kaphastörungen vermindert, im Übermaß genommen jedoch Pitta verschlimmern kann.
Ungemahlene Samen kann man wegen ihrer Härte nur unter größten Schwierigkeiten selbst zu Pulver verarbeiten. Kaufen Sie das bereits gemahlene Pulver. 2mal am Tag 1–2 Teelöffel Bockshornkleepulver in Milch oder zu den Mahlzeiten eingenommen, reduziert Gifte im Körper, indem es die Leberfunktion verbessert.
Sehr viele Patienten mit einer Neigung zu Arthrose (Gelenksdegeneration), Osteoporose und Osteochondrose (Abbau von Knochen- oder Bandscheibensubstanz) weisen gleichzeitig eine latente Leberinsuffizienz (Unterfunktion der Leberzellen) auf, die mitbehandelt werden muß.
Bockshornkleesamen tonisiert aber auch direkt den Zellstoffwechsel und die Nerven und ist ebenfalls geeignet zur Behandlung von Atemwegserkrankungen und Allergien. Die Blätter des Bockshornklees sind ein wohlschmeckendes Heilkraut zur Verbesserung des Aromas und der Verdaulichkeit von Gemüsegerichten.

Nasennebenhöhlenbeschwerden und Rhinitis

Zur Behandlung von chronischen oder akuten Nebenhöhlenentzündungen, einem gewöhnlichen Schnupfen oder allergischer Rhinitis ist der Ayurveda prädestiniert, und auch eine Selbstmedikation durch den Patienten kann hier wirkungsvoll sein.
Nasennebenhöhlenerkrankungen gehen meist mit Gefühlen von Benommenheit, latentem Schmerz und allgemeiner Antriebslosigkeit einher. Der Betroffene leidet häufig unter depressiven Verstimmungen und Unlustgefühlen. Er wird sich erst dann von dem ständigen Gefühl, die „Nase voll zu haben“,

befreien können, wenn er die Freude an Kreativität und Schaffenskraft wiederfindet, aber auch genügend Ruhe- und Erholungsphasen erleben kann. Fahrradfahren, Schwimmen und Spaziergänge in der Natur, aber auch ein entspannender Kinobesuch sind andere Möglichkeiten, die hilfreich für ihn sein können.
Im Ayurveda existiert eine Fülle von Heilpflanzen, die der vollständigen Heilung von allergischer Rhinitis, banalem chronischem Schnupfen und Nebenhöhlenaffektionen dienen.
Der Patient sollte zur begleitenden Darmsanierung immer auf das Präparat MA 505 zurückgreifen. Entschlackungstage zur Eliminierung von Ama sind sehr hilfreich, um den Organismus von den in diesen Fällen immer angesammelten Schlacken zu befreien.
Ein ungesüßter Tee aus Angelikawurzel, Salbeiblättern und Süßholzwurzel entlastet die gereizten Schleimhäute und beseitigt sowohl Kapha- und Vata- als auch Pittaüberschüsse im Körper.

Angelikawurzel (Radix Angelicae)

Angelikaarten werden weltweit medizinisch verwendet. Die getrocknete Wurzel strömt einen sehr angenehmen süßen, duftenden und würzigen Geruch aus, so daß man sie gern in Form einer Teezubereitung trinkt.
Die in der westlichen Phytotherapie als reines Bittertonikum mit Magenwirksamkeit angesehene Angelikawurzel stellt ein Doshagleichgewicht her. Ihre scharfen und süßen Qualitäten entgiften Blut und Plasma, und so wird diese Pflanzenwurzel bei Grippe, Erkältungen und Kopfschmerz verordnet. Darüber hinaus weiß der Ayurveda ihre umfassende Heilwirkung auf das weibliche Hormonsystem zu schätzen. Sie reguliert den Menstruationszyklus und wird schon immer als Verjüngungsmittel gebraucht. In Verbindung mit Myrrhe behandelt man mit ihr Arthritis und Hauterkrankungen.

Salbei (Folia Salviae)

Das gesamte Kraut oder die Blätter des Salbei werden in der Naturheilkunde zur Abschwächung einer übermäßigen Schweißbildung verwendet. Hersteller von salbeihaltigen Fertigarzneimitteln weisen darauf hin, daß der hochdosierte Extrakt schon nach 1- bis 2tägiger Einnahme die meßbare Schweißbildung um 50 % reduziert.
Der Ayurveda differenziert genauer und klärt uns auf, daß diese Pflanze die

Bildung und Ausschüttung sämtlicher Sekrete des Körpers hemmt. Ihr scharfer, bitterer und zusammenziehender Charakter verringert Kapha und damit Schleim, Schweiß und Sekrete der Schleimhäute und des Genitaltrakts. Auch ein Vataüberschuß wird weniger, und deshalb ist dies eine gute Arznei für unruhige Menschen.

Auch jene Personen, die spirituelles Wachstum anstreben und der ayurvedischen Devise „Ein ruhiger Geist und ein warmes Herz sind die besten Garanten für Gesundheit und ein langes Leben" folgen wollen, profitieren von dem Gebrauch der Pflanze. Salbei hat die bemerkenswerte Eigenschaft, den Geist von angeregten Emotionen zu befreien, „hitzige" Gefühle zu kühlen, einen gewissen Abstand zum täglichen Geschehen zu fördern und das Herz in physiologischer und emotionaler Hinsicht zu beruhigen.

Salbeitee wird warm getrunken, um Kapha und Vata zu behandeln; bei einem Pittaübergewicht nimmt man ihn besser lauwarm zu sich. Die Indikationen des Salbei sind:

- Erkältungskrankheiten, Grippe
- Sinusitis und Nasenschleimhautentzündung
- Kehlkopfentzündung
- übermäßige Schweißproduktion nach Abklärung der Ursache
- chronische oder akute Lymphknotenschwellungen
- nächtlicher Samenverlust im Schlaf
- nervöse Unruhe, emotionale Spannungen und streßbedingte Zustände

Süßholzwurzelpulver wird wegen seiner antientzündlichen und schleimhautberuhigenden Wirkung der Pflanzenmischung zugesetzt.

Verdauungsstörungen

Unter allen Anwendungsgebieten ayurvedischer Arzneitherapie ist die Behandlung von Störungen der Verdauungstätigkeit vielleicht am zentralsten, denn laut der Charaka-Samhita ist ungenügende Verdauung eine Hauptursache von Krankheit. Man kann wohl behaupten, daß alle Gewürze und die meisten Heilpflanzen eine unmittelbare Wirkung auf den Verdauungstrakt und dessen Anhangsdrüsen haben. Immer geht es bei einer Darmbehandlung um:

- eine Stimulierung zu schwacher Verdauungsprozesse,
- die Beseitigung von Störfaktoren, wie Schlacken im Darm,

- die Wiederherstellung der Balance der Doshas, vor allem des Pittadoshas im Dünndarm und des Vatadoshas im Dickdarm,
- daraus resultiert die Förderung von ganzheitlicher Gesundheit im Bereich von Körper, Geist, Sinnen und Bewußtsein.

Auch die vielen möglichen Arten der Verdauungsstörungen müssen zuerst danach differenziert werden, ob Vata- (häufig), Pitta- oder Kaphastörungen zugrundeliegen. Völlegefühl, Blähungen und wechselnder Appetit sprechen für eine Vata-Dyspepsie, können aber auch im Gefolge einer Erkrankung der Magenschleimhaut auftreten, welche durch ein Übermaß an Pitta entstanden sein kann und einer entgegengesetzten Therapie bedarf. Die Pulsdiagnose analysiert, welchen Ursprungs die Störung ist, und bestimmt über die Folgebehandlung.

Sind Krämpfe, Blähungen und Völlegefühl vorhanden, kann eine Vatabelastung vorliegen und folgende Heilpflanzen sind hilfreich:

- Koriander
- Ingwer
- Kümmel
- Kurkuma
- Bockshornklee
- Fenchel

Trinken Sie einen Tee aus diesen Drogen, oder fügen Sie auch pro Person 2 Teelöffel des gemahlenen Pulvers der Pflanzen dem Mittagessen hinzu. Trinken Sie täglich halbstündlich abgekochtes heißes Wasser und zusätzlich den Tee aus der Pulvermischung. Bleiben Sie nach dem Essen etwa 10 Minuten ruhig am Tisch sitzen. Lassen Sie den Darm auch auf Pilzbefall hin untersuchen.

Pittabedingte Verdauungsstörungen können sich durch entzündliche Prozesse äußern, durch Sodbrennen, Übelkeit, saures Aufstoßen oder Durchfälle. Liegt sicher eine Pittastörung vor, ziehen Sie folgende Heilpflanzen vor:

- Löwenzahnwurzel
- Enzian
- Koriander
- Safran
- Echinacea
- Süßholzwurzel
- Schafgarbe
- Psylliumsamen, das Pulver der Flohsamenschalen

Meiden Sie Reizstoffe wie Kaffee oder schwarzen Tee, und essen Sie bei starkem Hunger zwischendurch reifes Obst (wie Äpfel oder Weintrauben) oder Reiswaffeln.

Kapha-Verdauungsstörungen sind meist gekennzeichnet durch träge Verdauung, Reizlosigkeit der Symptome, Völlegefühl, schnelle Gewichtszunahme und konstitutionelle Kaphaveranlagung. Heilpflanzen zur Verbesserung der Verdauung bei Kaphakonstitution sind:

- Ingwer
- Senfkörner
- Gelbwurz
- Langkornpfeffer oder schwarzer Pfeffer
- Lorbeerblätter

Trinken Sie regelmäßig kleinere Mengen des abgekochten Wassers unter Zusatz von reichlich Ingwerpulver, vermeiden Sie Zwischenmahlzeiten, und lassen Sie eventuell das Frühstück ganz weg.

Zahnfleischbluten und Zahnfleischschwund

Myrrhe, Sesamöl

Das Myrrhenharz hat neben seinen entzündungshemmenden Fähigkeiten die Eigenschaft, adstringierend, also zusammenziehend auf wunde Gewebsareale und die Schleimhäute zu wirken. Sowohl bei der Parodontose (einem degenerativen Syndrom des Zahnfleisches) als auch bei verschiedenen Formen entzündlicher Veränderungen der Mundschleimhaut, wie bei Soorbefall, den Aphthen (viral infizierten Schleimhautdefekten) oder wunden Stellen, hilft das Spülen mit Myrrhentinktur. Verwenden Sie dazu 1 Tasse frisch gebrühten warmen Salbeitee, und geben Sie 10 Tropfen Myrrhentinktur hinein. Spülen Sie 2- bis 3mal täglich für einige Minuten die Mundhöhle gründlich damit aus.

Neben dieser Lokalbehandlung sollte jedoch ein in Maharishi-Ayurveda ausgebildeter Therapeut aufgesucht werden, um abzuklären, warum es zu diesem Schwund körpereigenen Gewebes gekommen ist. Jedem Fall von Parodontose liegt ein Zustand mangelhafter Ernährung der *Dhatus* (der Grundgewebe des Organismus) zugrunde. Eine spezielle Entgiftungs- und Aufbaudiät, durch die die Dhatus von Zirkulationsstörungen befreit werden, wird nötig sein.

Gandhusa, das tägliche Spülen der Mundhöhle mit erwärmtem Sesamöl, wird von ayurvedischen Heilpraktikern verordnet, um die Mundschleimhaut zu nähren und gleichzeitig Gifte zu eliminieren.

Ebenso wie bei der Ganzkörpermassage mit Sesamöl wirken auch lokale Anwendungen des warmen Öls im Darm oder der Mundhöhle wie „Ventile", durch die der Organismus angesammeltes Schlackenmaterial abgibt. Ein sehr gründliches Spülen des Mundes kann über 5–10 Minuten durchgeführt werden. Achten Sie unbedingt darauf, daß kein Öl versehentlich heruntergeschluckt wird, speien Sie es am Ende des Vorgangs aus, und spülen Sie den Mund danach mit heißem Wasser, Orangen- oder Zitronensaft aus.

Russische Mediziner konnten einen erstaunlichen Heileffekt dieser Form der Entschlackung sogar bei verschiedenen Formen von Stoffwechselerkrankungen feststellen, sie ließen erkrankte Patienten für bis zu 20 Minuten täglich spülen.

MA 505 – ein Präparat des Maharishi-Ayurveda

Der Maharishi-Ayurveda besticht durch seine Vielzahl von komplexen Präparaten. Alle Zubereitungen basieren auf der nahezu unbegrenzten Fülle von Heilpflanzen des Himalaja und ganz Indiens.

Eine alte Geschichte veranschaulicht diesen überquellenden Reichtum der Natur: In alten Zeiten prüfte ein Lehrer seine Medizinstudenten, indem er sie mit dem Auftrag in die Wildnis sandte, nur diejenigen Pflanzen zu sammeln, die ohne Heilwirkung seien. Unter den zurückgekehrten Schülern trugen einige Grasarten in ihrem Beutel, andere mögen Rinden gebracht haben, aber ein Schüler kehrte mit leerem Beutel zurück, und genau dieser war es, den der Meister auszeichnete, denn dieser Schüler hatte offenbar eine derart umfassende Kenntnis der Heilkräfte aller Pflanzen, daß er nicht in der Lage war, auch nur eine einzige Pflanze ohne medizinischen Nutzen zu finden.

Alle Nahrungsergänzungen des Maharishi-Ayurveda durchlaufen einen teils sehr aufwendigen Verarbeitungsprozeß, bei dem einige auch mit mineralischen Stoffen verbunden werden (den sogenannten *Bhasmas*) und zu ihrer Fertigstellung manchmal mehrere Jahre benötigen.

Als *Rasayanas* werden diejenigen Arzneien bezeichnet, die auf eine stärkende, regenerierende und aufbauende Allgemeinwirkung im Organismus abzielen.

Die Inhaltsstoffe des Fertigarzneimittels MA 505 aus dem Maharishi-Ayurveda sind

- Terminalia chebula,
- Terminalia belerica,
- Phyllantus emblica und
- Robinia acacia.

Es handelt sich dabei um eine Mischung hochwirksamer darmreinigender und entgiftender Bestandteile, die, abends vor dem Schlafen mit heißem Wasser eingenommen, in der Lage sind, Ama (d. h. sämtliche Stoffwechselgifte) über den Darm auszuleiten und Leber, Nieren und das Lymphsystem zu entlasten.

Dabei potenzieren sich in dem Präparat die Einzelwirkungen aller Pflanzen.

- *Terminalia chebula*, in Indien bekannt als *Haritaki*, ein „Mittel, das alle Krankheiten zerstört", gleicht die Elemente von Vata, Pitta und Kapha aus. Die Haritakifrucht fördert Langlebigkeit und verjüngt Zellen und Gewebe. Ihr sehr zusammenziehender Geschmack reduziert Kapha und damit Schleimansammlungen, wie sie bei Bronchitis oder Asthma vorkommen. Die deutlich adstringierende Wirkung heilt sowohl Erbrechen und Durchfall als auch Verstopfung und Hämorrhoiden. Verdauungsstörungen und Lebererkrankungen mit ihren Folgen wie Gelbsucht, Juckreiz und Ekzem bessern sich ebenfalls durch die Wirkung allein dieser Pflanze.
- Der 2. Bestandteil des Komplexmittels, *Terminalia belerica*, als *Bibhitaki* bezeichnet, ist die Frucht des Myrobalanbaums. Sie wirkt im Verbund mit Haritaki verstärkt auf Verdauungsstörungen, Parasiten im Körper, löst Verschleimungen und Katarrhe und dient als austreibendes Mittel gegen Steine im Verdauungs- oder Urogenitaltrakt. Seine Besonderheit hat Bibhitaki in der Behandlung von Haarausfall und zur Förderung der Sehkraft.

Beide Mittel können auch äußerlich auf entzündete oder geschwürige Areale aufgebracht werden.

- *Phyllantus emblica* wird auch *Amla* genannt, was soviel wie Amme oder „nährende Mutter" bedeutet, da diese Pflanze den gesamten Organismus aufbaut und regeneriert. Die Amlapflanze liefert uns in ihrer Frucht eines der stärksten Verjüngungsmittel des Ayurveda, was bedeutet, daß ihre Wirkung darin besteht, freie Radikale, diese im Körper unerwünschten, chaotisch agierenden Molekülbruchstücke, unschädlich zu machen, was die moderne Medizin als Scavengerfunktion oder Radikalenfängereigenschaft bezeichnet.

  Eine Amlafrucht enthält 3000 mg natürliches Vitamin C. Ihre regelmäßige Anwendung behebt Zahnfleischbluten und Entzündungen der Mundschleimhaut und des Magen-Darm-Trakts. Der Appetit verbessert sich schnell, und die reinigende Wirkung auf Darm und Gewebe führt zu einer Stabilisierung schwankender Blutzuckerwerte. Amla unterstützt den körpereigenen Erneuerungsmechanismus der Zellen von Blut, Knochensubstanz und roten Blutkörperchen. Ihre medizinischen Indikationen sind darüber hinaus:

Leiden, die mit Blutungen verbunden sind, wie bei Zahnfleischbluten oder Hämorrhoiden,

Anämie, Zustände, die durch einen Mangel an roten Blutkörperchen oder Hämoglobin (dem rotem Blutfarbstoff) bedingt sind,

Diabetes,

Gicht und Rheumatismus,

Schwindelerscheinungen,

Gastritis,

Kolitiden (Entzündungen oder Geschwürsbildungen, vornehmlich des Dickdarms),

Hepatitis (die verschiedenen Formen der heute im Zunehmen begriffenen entzündlichen infektiösen Lebererkrankungen),

Osteoporose (Verlust von Knochensubstanz), die vermehrt bei Frauen im Anschluß an die Wechseljahre beobachtet wird,

Verdauungsstörungen, wie Durchfall, Verstopfung oder Völlegefühl (Dyspepsie),

ungenügender Leberstoffwechsel, dessen Folge die Entstehung einer Fettleber sein kann,

Haarausfall,

Amla wird zur schnelleren Erholung nach konsumierenden Krankheiten und bei Schwächezuständen verordnet.

In indischen Kliniken wird ein Extrakt der Frucht selbst bei Geistesstörungen äußerlich am Kopf angewandt.

- *Robinia acacia* dient als Tonikum bei Verdauungsschwäche und erschlafftem Magen.

> MA 505 stellt durch diese Zusammensetzung vielleicht das beste darmreinigende Mittel und das wirksamste Entgiftungspräparat im Bereich der altindischen Naturmedizin dar.

Es kann von jedermann bedenkenlos nach Vorschrift eingenommen werden und gilt als geeignete Basisnahrungsergänzung bei chronischen Erkrankungen. Lieferadresse im Anhang.

Gewürze – der „Zündstoff" für Agni

In der Küche westlicher Länder werden Gewürze nur sehr zurückhaltend verwendet. Unsere traditionelle Weise zu kochen nutzt nur in sehr geringem Maß die Vielfalt möglicher geschmacksverbessernder natürlicher Zusätze zu den Speisen. Während vor allem Salz und Pfeffer in unseren landestypischen Gerichten reichlich Verwendung finden und einige Kräuter wie Kresse, Majoran oder Zwiebeln häufig zur Salatzubereitung genutzt werden, wird die große Vielfalt der Gewürze, die eine geschmacksverbessernde Wirkung haben, die Verdauungsprozesse fördern und den Körper gesund erhalten helfen, nicht ausgeschöpft.*

Im Ayurveda nehmen Gewürze einen hohen Stellenwert ein, dienen sie doch als ein wirkungsvoller „Zündstoff für das Verdauungsfeuer Agni". Verdauungsprozesse jeder Art benötigen Energie, die durch Freisetzung von Hitze Nahrungsbestandteile, Schlackenstoffe oder Stoffwechselprodukte ihrer Verbrennung zuführt. Alle nichtmetabolisierten, also nichtverstoffwechselten Substanzen belasten den Organismus, da sie zu einer Deposition (Ablagerung im Bindegewebe) oder zur Bindung an körpereigene Strukturen (Imprägnation) neigen. Erst dieses, für den Körper unbrauchbare Material ruft eine Degeneration von Zellen hervor oder beeinträchtigt den vorher gesunden Stoffwechsel.

Die Qualität und Stärke des Verdauungsfeuers Agni und sein ungehindertes Wirken im Magen-Darm-Trakt, in der Leber, im Blut und in jeder einzelnen Zelle entscheidet, ob wir in der Lage sind, rückstandslos zu verdauen, alles Aufgenommene wieder auszuscheiden, oder ob Überbleibsel den Körperstoffwechsel blockieren und zu Krankheit führen.

Besonders effektiv darin, die Tätigkeit von Agni zu optimieren, sind die

*Siehe hierzu den im gleichen Verlag erschienenen Ratgeber *Arzneigewürze–Schmackhafte Hilfen für Ihre Gesundheit* von Uli Mautner und Bernd Küllenberg, ISBN 3-926955-14-7

meisten Gewürze. Über diese grundlegende Fähigkeit hinaus, entfaltet jedes einzelne Gewürz – die richtige Anwendung vorausgesetzt – auch eine spezifische Wirkung.
Gewürze und Kräuter können sehr zum Wohlbefinden beitragen, sie senken erhöhte Blutfettwerte, helfen, den Bluthamsäurespiegel zu vermindern, die Niere zu entlasten, die Gallentätigkeit zu aktivieren, das Herz anzuregen, die Durchblutung zu fördern, das Immunsystem zu aktivieren und die Bronchien zu heilen. Dabei entgiften und regenerieren sie den gesamten Körper und schützen ihn vor Verfall, Alterungsprozessen und Degeneration.

Viele Gewürze ähneln eher Arzneimitteln mit kräftiger und nachweislicher Wirkung als bloßen Mitteln zur Geschmacksverfeinerung.

Ihr intensiv scharfer Geschmack löst schon nach 30–40 Sekunden eine deutliche Endorphinausschüttung im Gehirn aus. Diese körpereigenen Schmerzstiller tragen auch zu einem gehobenen Allgemeinbefinden bei und verhindern Schwächeerscheinungen, wie sie oftmals nach einer überreichlichen, schweren Mahlzeit auftreten.
Die ayurvedische Kochkunst sieht gewöhnlich vor, bei der Zubereitung einer Mahlzeit zuerst die ausgewählten Gewürzmischungen in der Pfanne in heißem Ghee zu erhitzen, dann erst werden Gemüse oder andere Nahrungsmittel hinzugefügt.
Viele Gewürze sind dazu prädestiniert, bestimmte Speisen oder einzelne Nahrungsmittel zu begleiten, so passen zu Süßspeisen Kardamom, Safran und Zimt, zu eiweißreichen Gerichten Gelbwurz oder zum Spargel Muskatnuß.
Alle Gewürze sind in gemahlenem Zustand erhältlich, sie sind in dieser Form am schmackhaftesten, und ihre Wirksamkeit ist sehr gut. Gemahlene Gewürze sollten möglichst frisch verarbeitet und schnell verbraucht werden. Im Reformhaus erhält man Gewürzmühlen, so daß man die meisten Gewürze auch selbst zerkleinern kann.
Die großzügige Anwendung scharfer Gewürze ist in den meisten Fällen günstig für reine Kaphatypen, da sie diesem Typ besonders gut helfen, einen stagnierenden Stoffwechsel anzuregen und Schleimansammlungen abzubauen. Die Tätigkeit der Bauchspeicheldrüse wird aktiviert und der Gallenfluß erhöht.
Versuche mit gemahlener Ingwerwurzel haben beweisen können, daß 2 Teelöffel Ingwerwurzelpulver in der Lage sind, die Ausschüttung von für den Körper wertvollen entzündungshemmenden Hormonen aus den Nebennieren meßbar zu erhöhen. Dieser Mechanismus liegt der Beobachtung zugrunde,

daß Ingwer eine schmerzstillende Wirkung bei rheumatischen Gelenk- und Muskelerkrankungen entfaltet.
Für Vatatypen sind einige bestimmte Gewürze vorzuziehen, hingegen sollten Pittaindividuen oder Personen mit Pittastörungen die meisten Gewürze – mit einigen Ausnahmen – eher meiden.

Geheimnisse der Gewürze

Anis

Anissamen verbessern die Tätigkeit von Agni, fördern den Appetit, wirken Blähungen und Völlegefühl entgegen und vermindern Störungen der Ausscheidung. Anis wird auch wegen seines süßen, angenehmen Geschmacks gern Kindern gegeben oder von jungen Müttern zur Steigerung der Milchbildung verwendet.
Durch seinen hohen Anteil an besonders stark reinigendem ätherischem Öl ist Anis in der Lage, Zirkulationsstörungen zu beheben, die im Magen-Darm-Trakt oder in den *Shrotas* (damit werden alle Transportkanäle des Körpers bezeichnet, in denen flüssige, gasförmige oder feste Substanzen weitergeleitete oder ausgeschieden werden) auftreten.

Asa foetida

Das Wurzelharz der indischen „Hingupflanze" ist ein bei uns nahezu unbekanntes Gewürz. Der deutsche Name *Stinkasant* klingt nicht sehr vielversprechend, doch ist Asa foetida eine der wertvollsten Substanzen, um verschiedene Verdauungsprobleme zu lösen.
Das Harz ist ein Spezifikum gegen Vatastörungen und vatabedingte Dyspepsieerscheinungen (Dyspepsie bezeichnet einen Zustand, der durch zu geringe Leistung der Verdauungsdrüsen in Bauchspeicheldrüse, Leber und Magen-Darm-Trakt bedingt ist und mit Völlegefühl und Blähungen einhergeht) und erhöht durch seine Schärfe und Intensität Pitta.
Pittadoshas mögen oftmals dieses Gewürz nicht sehr, wohingegen vatagestörte Personen meist danach verlangen.

Asa foetida wirkt gegen Verdauungsstörungen mit Blähungen, Flatulenz und Auftreibung des Bauchs, adominelle Krämpfe, Blähungskoliken, Verstopfung und Wurmbefall und sogar bei besonders schwerwiegenden Verdauungsproblemen und Schlackenansammlungen, wie sie durch langzeitiges Fast-Food-Essen auftreten können. Seine kaphaverringernde Wirkung hilft bei Husten, Asthma, Keuchhusten und Bronchitis.
Ähnlich wie der bekannte Baldrian neigt Asa foetida dazu, den Patienten „zu erden", das bedeutet, Vatastörungen wie nervöse Unruhe, Schlaflosigkeit und Erregung weichen einer inneren Haltung von größerer Bodenständigkeit und Belastbarkeit.
Vata- und Kaphapersonen können ihrem Mittag- oder Abendessen täglich eine Mischung aus Ingwer, Kardamom, Salz und Asa foetida zusetzen, um für eine gute Verdauung zu sorgen.
Asa foetida ist nur in Asienläden zu bekommen oder kann bestellt werden. (Eine Bestelladresse für in diesem Buch erwähnte Lebensmittel und Gewürze finden Sie im Anhang.)

Bockshornklee

Der gemahlene Bockshornkleesamen ist mit seiner hervorragenden Wirkung auf die Leber das wohl beste Lebertonikum und Heilmittel für die Bauchspeicheldrüse unter den Gewürzen. Bockshornklee paßt zu Reis- oder Gemüsespeisen und zu Suppe.
Um als Heilmittel wirksam zu sein, ist es erforderlich, größere Dosen des Pulvers täglich zu sich zu nehmen. Erwachsene sollten bei Haarausfall, Schwächezuständen des Nervensystems, Allergien und Leberschwäche 2mal täglich 1 Eßlöffel gemahlenen Samen einnehmen. Auch in Milch entfaltet der Bockshornklee seine besonders gewebsaufbauende Wirkung.
Äußerlich kann man einen mit Wasser angerührten Brei des Heilmittels bei Furunkeln, Abszessen oder schlecht heilenden Wunden applizieren.

Gelbwurz

Ein ganz typisches ayurvedisches Gewürz mit breiter Wirkung liefert uns der Wurzelstock der Kurkumapflanze. Dieses „natürliche Antibiotikum" des Pflanzenreichs kann von allen drei Doshaveranlagungen verwendet werden,

Kurkuma – die Blüte der Gelbwurzpflanze

jedoch von Pittapersonen nur in Maßen. Es dient der Regenerierung der Darmschleimhaut und fördert die Elastizität und Beweglichkeit der Bänder aller Gelenke.

Das stark gelb färbende Kurkumawurzelpulver sollte in keiner Küche fehlen, es vereint in sich alle guten Wirkungen vieler anderer Gewürze. In Milch eingenommen oder täglich in einer Dosis von mindestens ½ Teelöffel den Speisen zugesetzt, dient es der Heilung von Verdauungsstörungen, von mangelnder Durchblutung, Husten, Asthma, Schwäche der Regelblutung, Entzündung im Rachenraum, Hautleiden, Blutzuckerschwankungen, Arthritis und Anämie und hilft dem schnellen Abbau von Stoffwechselgiften.

Eine Milchunverträglichkeit bei Kindern und Erwachsenen führt der Ayurveda auf eine Schwächung der Verdauungskraft zurück. Kochen Sie die Milch mit einem Zusatz von Gelbwurzpulver und Kardamom kurz auf – sie wird dadurch erheblich besser verträglich. Die leicht abgekühlte warme Milch kann zusätzlich mit Honig gesüßt werden, so daß auch kleine Kinder dieses Getränk in der Milchflasche bekommen können, was sie meist gern mögen.

Ingwer

Ingwer *(Zingiber officinalis)* ist das im asiatischen Raum vielleicht verbreitetste Gewürz. Die Wurzel der bengalischen Ingwerpflanze ist die schmackhafteste Sorte mit dem feinsten Aroma, jedoch auch aus anderen Ländern wird der Ingwer in alle Welt geliefert. Teile der Wurzel oder das gemahlene und getrocknete Pulver stellen das wohl wichtigste Mittel der chinesischen und ayurvedischen Medizin aus der Reihe der Gewürze dar. Man vermutet, daß der Name Ingwer auf das altindische Sanskritwort *Shringaveram* zurückgeht, was soviel wie hornförmig bedeutet, was auf die hornähnliche Form der Wurzel hinweisen könnte.

Interessant ist, daß das arabische Wort *gingebil* für Ingwer von *Gingi* für Indien abgeleitet ist. Könnte es sein, daß der Name Indien auf Ingwer, genauer auf Zingiber zurückgeht? In jedem Fall war diese Gewürzdroge eine der wertvollsten Waren des per Schiff vor Jahrtausenden innerhalb der ganzen alten Welt stattfindenden Handels mit Metallen, Stoffen, Hölzern und Heilmitteln. Konfuzius empfahl, kandierten Ingwer auf Reisen mitzunehmen, um so die Unbillen besser zu überstehen.

Auch heute enthält ein in Deutschland hergestelltes Fertigpräparat gegen Reisekrankheit gemahlene Ingwerwurzel als alleinigen Bestandteil. Trotz seines ehemals so großen Ruhms als *Panazee* („Allheilmittel") gebrauchen wir heute den Ingwer nur noch als Bestandteil von Konfekt oder als Zusatz in Currymischungen.

Das wiederbelebte Wissen vom Ayurveda zeigt uns, wie umfangreich die Heilanzeigen dieser Pflanze sind. Ingwer, der in getrockneter Form noch

Ingwerwurzel, eins der wichtigsten ayurvedischen Gewürze

schärfer und intensiver ist, kann auch frisch verwendet werden, indem Scheiben der Wurzel mit heißem Wasser überbrüht als Tee oder mitgekocht in Speisen verwendet werden.
Ingwer reduziert die Doshas Vata und Kapha, erhöht aber Pitta. Wegen seiner scharfen, süßen und erhitzenden Wirkung sollten Pittaindividuen Ingwer nur sehr vorsichtig und seltener gebrauchen. Er ist besonders geeignet, Kaphastörungen wie Müdigkeit, Verdauungsschwäche, Husten und Grippe zu beseitigen.
In allen diesen Fällen kann man über mehrere Tage abgekochtes heißes Wasser trinken, dem man 5 Scheiben Ingwerwurzel auf 1 Liter Flüssigkeit zusetzt. Personen mit deutlicher Kapha- und/oder Vatadominanz können Ingwer in der einen oder anderen Form jeden Tag zu sich nehmen.

- Ingwer stärkt besonders gut Agni und fördert Verdauung, Assimilation und Ausscheidung. Es ist das effektivste Mittel beim Dyspepsiesyndrom, der Verdauungsschwäche mit Neigung zu Völlegefühl, Luftansammlung und bei Verstopfung.
- Er hilft, den Cholesterinspiegel zu senken und die besonders bei nichtvegetarischer Ernährung manchmal stark vermehrte Harnsäurebildung herabzusetzen, was für Menschen mit Arteriosklerose, einer Fettleber oder rheumatischen Gelenkleiden von Bedeutung ist.
- Offenbar ist der Ingwer das geeignetste Vorbeugemittel gegen Reise- oder Seekrankheit, da es die Magenfunktion stabilisiert und Übelkeit verhindert. Nicht verwenden sollte man jedoch den Ingwer bei Übelkeit durch Magenschleimhautentzündung oder Geschwürbildung, da diese Pittastörungen verschlimmert würden!

Ähnlich der verwandten Ginsengpflanze hat der Ingwer eine tonisierende Wirkung auf den Organismus: Alle Organfunktionen, einschließlich die der Leber, der Nieren und des Nervensystems, werden normalisiert und gekräftigt.

Kardamom

Den Geschmack von Kardamomsamen haben die meisten von uns zum ersten Mal zur Weihnachtszeit als eine Zutat zu Weihnachtskeksen kennengelernt. Zur Zubereitung sonstiger Speisen ist Kardamom so gut wie unbekannt. Dabei zählt der Ayurveda den Kardamom zu den wirkungsvollsten, besten und schmackhaftesten Gewürzen.

Sein Einfluß auf den Körperhaushalt ist so, daß er Vata und Kapha verringert und Pitta – nur bei hoher Dosierung – verstärkt.
Die Samen des Kardamom sollte man möglichst selbst mahlen und schnell verbrauchen, da das Pulver nur kurze Zeit den typischen süßlich-fruchtigen Geschmack bewahrt.
Kardamom regt Verdauungsprozesse an und stärkt das Verdauungsystem, Magenbeschwerden werden durch Kardamomtee beseitigt. Als Beigabe zu blähenden Speisen wirkt das Pulver wie Fenchel blähungswidrig und entlastend. Kardamom erfrischt den Geist und das Wohlbefinden, er hat einen angenehm belebenden, das Bewußtsein klärenden Einfluß.
Kardamom ist das Gewürz, das am allerbesten zu allen Süßspeisen paßt. Auch kleine Kinder lieben den Geschmack, und es hilft ihnen, auch Süßspeisen besser zu vertragen.

Knoblauch

Der Maharishi-Ayurveda empfiehlt, Knoblauch zu meiden bzw. nicht sehr häufig zu gebrauchen. Der Grund dafür ist die stark agitierende Wirkung von Knoblauch. Knoblauch reizt Pitta deutlich, führt schnell zu vermehrter Hitze und Brennen im Körper und kann toxische Reaktionen, wie sie bei entzündlichen Hautreizungen oder Magenübersäuerung vorhanden sind, verschlimmern. Starker Gebrauch von Knoblauch kann auch ungünstige Wirkungen im emotionalen Bereich hervorrufen, indem er zu Abstumpfung oder übersteigerter Reizbarkeit beitragen könnte.
Nachgewiesene Wirkungen des Knoblauchs sind Herabsetzung des Cholesterin- und des Triglyzeridspiegels im Blut, er hilft gegen Darmpilze und bei Erkältung und beugt der Entstehung von Adernverkalkung vor.
Der Knoblauch ist – nicht zuletzt auch wegen seines deutlich wahrnehmbaren Effekts auf den Geruch des Atems – nicht unentbehrlich. Die genannten positiven Wirkungen kann man sich auch durch den Gebrauch anderer Gewürze zunutze machen: Ingwer, Basilikum und Asa foetida sind in der Lage, gleich gute Vorbeugewirkungen zu entfalten, ohne daß man unangenehme Begleiterscheinungen in Kauf nehmen muß.

Meerrettich

Meerrettich zählt nicht zu den typischen ayurvedischen Gewürzen, soll aber hier abgehandelt werden, weil dem Meerrettich viele gute Eigenschaften zukommen und er allseits bekannt ist.
Die Gewohnheit, zu sehr fetten Speisen Senf oder Meerrettich zu essen, hat durchaus ihre Berechtigung, denn Meerrettich fördert die Fettverdauung, stimuliert die Verdauungsdrüsen und erhöht den Gallenfluß.
Der Ayurveda würde jedoch genauer differenzieren und Meerrettich nur dann einsetzen, wenn kein Pittaübergewicht vorherrscht, da die aggressiven Inhaltsstoffe der Wurzel Pitta verschlimmern und die Magenwände angreifen könnten.
Meerrettich kann fein gehobelt mit gehacktem Kandiszucker vermischt werden und als Bronchotonikum Verwendung finden. Verrühren Sie 1 Tasse geriebene Meerrettichwurzel mit 2 Eßlöffeln Kandiszucker, und lassen Sie die Mischung einige Stunden oder besser über Nacht abgedeckt stehen. Es bildet sich eine Flüssigkeit, die man teelöffelweise mit heißem Wasser einnimmt. Die Kombination des süßen und des durchdringend scharfen Geschmacks löst sehr schnell den Husten und den durch ein Übermaß an Kapha gestauten Schleim in den Atemwegen.
Frisch geriebener Meerrettich kann als Zusatz zu Salaten oder Gemüsegerichten in der Herbst- und besonders in der Frühjahrszeit helfen, Infekte, Erkältungen und Schwächen des Immunsystems zu vermeiden, da er zu einer Elimination von Ama beiträgt.

Muskatnuß

Die Besonderheit der Muskatnuß ist neben dem unvergleichlichen Geschmack ihre Wirkung auf das Nervensystem. Man nimmt ½ Teelöffel Muskatnußpulver in 1 Glas warmer Milch, die man etwas süßen kann, vor dem Zubettgehen ein, um die Schlafbereitschaft zu fördern. Die Muskatnuß gehört zu den besten ayurvedischen Arzneien, um den Geist dadurch zu beruhigen, daß Vata herabgesetzt wird.
Der zweite große Wert diese Mittels ist, daß es die Absorption von Nahrungsbestandteilen im Dünndarm verbessert. In Buttermilch oder mit Joghurt eingenommen stoppt die Muskatnuß Durchfälle und behebt nervöse Darmbeschwerden, wie Krämpfe des Dickdarms. Muskatnußpulver in Milch eingenommen wirkt auch gegen Blasenschwäche.

Vorsicht im Gebrauch ist nur geboten, wenn deutliche Pittastörungen vorhanden sind, so könnte ein stark entzündlich gereizter Darm empfindlich auf dieses pittaverstärkende Gewürz reagieren. Sicherlich sind hier kleinere Dosen richtiger.

Nelken

Die Gewürznelke ist gewöhnlich kein Gewürz, das man täglich verwendet. Die getrockneten Blütenknospen des Nelkenbaums, der eine Höhe von 10–20 m erreicht, enthalten das sehr scharfe, desinfizierende und durchdringend riechende Nelkenöl, das in der Zahnheilkunde zur Schmerzlinderung und zur gründlichen Säuberung von Zähnen und Zahnfleisch genutzt wird.
Der Wert der Nelke besteht darin, Kaphastörungen schnell und intensiv zu beheben. Sind keine Pittastörungen vorhanden, können einige Nelkenknospen in heißem Gewürztee dazu beitragen, Husten und Auswurf zu verringern.
Die desinfizierende Eigenschaft der Nelke kann nützlich sein, wenn intensive Reinigungsprozesse, z. B. wegen eines Pilzbefalls des Darms, eingeleitet werden sollen. Öl oder Knospen sind in der Lage, die Haltbarkeit von Lebensmitteln zu erhöhen. Gemahlene Nelken sind Bestandteil des Kapha-Tees des Maharishi-Ayurveda.

Paprika

Das Pulver der Paprikaschote liefert eine der „heißesten und trockensten" Substanzen des Pflanzenreichs. Paprika ist daher eine der kraftvollsten Arzneien, um Kapha zu vermindern, das kalt und feucht ist. Nutzen Sie dieses Gewürz nur gering dosiert und besonders dann, wenn eine Mangelproduktion von Magensäure festgestellt wurde. In diesem Fall ist der Paprika wie der Ingwer ein Stimulans, das die Ausschüttung von Magensäure meßbar steigert.
Personen mit vorherrschendem Pitta sollten den Gebrauch des Pulvers meiden.

Schwarzer Pfeffer / Langkornpfeffer

Der Ayurveda kennt neben dem schwarzen Pfeffer, unserem wohl am meisten gebrauchten Gewürz, das in erster Linie ein Verdauungstonikum ist, eine besondere Pfeffersorte, den Langkornpfeffer *(Pippali)*.
Der Langkornpfeffer ist wie andere scharfe Gewürze nur eingeschränkt für Pittakonstitutionen zu empfehlen, denn er ist erhitzend und pittaverstärkend. Kapha und Vata reduziert er und hilft dadurch bei Erkältungen, Husten, Asthma, Kehlkopfentzündung, Rheumatismus, Gicht, Ischiasschmerz, dem Lendenwirbelsäulensyndrom und gegen entartete Darmbakterien.
Mit Honig gemischt kann der pulverisierte Langkornpfeffer ebenso wie der schwarze Pfeffer bei akuter und chronischer Mandelentzündung mit dem Finger auf die Mandelregion im Mund aufgetupft werden. Nach einiger Zeit gurgelt man mit heißem Wasser und spuckt aus.
Die Besonderheiten des Pippalipfeffers liegen in seiner vorrangigen Wirkung bei der Beseitigung von Kongestionen (Stockungen des Blut- oder Lymphstroms), Kälte und Ama, außerdem regeneriert er im Gegensatz zum schwarzen Pfeffer geschwächte Organfunktionen. Als Milchabkochung unterstützt Langkornpfeffer die Heilung chronischer Lungenbelastungen wie Asthma, bei denen eine Einschränkung der Vitalfunktion und eine Degeneration von Lungengewebe bestehen mag.
Zur Verringerung von morgendlichen Schleimabsonderungen sollte man nach dem Aufstehen etwas Pippali mit Honig in warmem Wasser einnehmen.
Langkornpfeffer ist ein Bestandteil von *Trikatu* – den drei Gewürzen mit besonderer Energie.

Safran

Safran ist nicht nur das teuerste, sondern auch eines der geschätztesten Gewürze des Ayurveda. Dieses Gewürz stellt ein Gleichgewicht der drei Doshas her, ist aber im besonderen ein Heilmittel für Pittabelastungen und zählt zu den wenigen Gewürzen, die ohne Bedenken und mit Vorteil von Pittapersonen verwendet werden sollten.
Safran, bestehend aus den Blütenfäden des Krokus, ist auch in pulverisierter Form erhältlich und hat einen ausgezeichneten, typischen Geschmack. Den Touristen wird in vielen Ländern des Mittelmeerraums und Asiens häufig das ähnlich aussehende Gelbwurzpulver als Safran angeboten. Wenn man

jedoch einmal echten Safran probiert hat, ist eine Verwechslung nicht mehr möglich.
Man erhält Safran in kleinen Dosen mittlerweile in fast jeder Lebensmittelabteilung der Kaufhäuser oder in Apotheken. Neben seinem unersetzlichen Aroma ist Safran eines der besten Heilmittel bei den meisten Pittastörungen (wie Leberschwellung und Gelbsucht) und ein Spezifikum bei der weiblichen Unfruchtbarkeit. Das Gewürz katalysiert die Wirkung anderer Heilpflanzen, steigert also ihren Wirkungsgrad.
1 Messerspitze Safranpulver sollte 2mal täglich mit warmer Milch eingenommen oder in einer Mischung mit anderen Pflanzen verwendet werden, um Menstruationsbeschwerden, Unfruchtbarkeit, Anämie, hysterische Erscheinungen, Depressionen, Rückenschmerzen, Rheumatismus, Asthma, Husten oder chronischen Durchfall zu behandeln.
Die meisten Heilpflanzen und Gewürze können gut als arzneiliches Ghee (einer Mischung aus geläuterter Butter und Heilpflanzenextrakten) verabreicht werden. Wegen der mangelnden Haltbarkeit empfiehlt es sich jedoch nicht, während der Herstellung von geläuterter Butter Pflanzenpulver wie Safran zuzusetzen. Besser ist es, etwas Ghee zusammen mit frischem Pulver einzunehmen. Will man einen aufbauenden, nährenden Effekt erzielen, sollte man Ghee und Heilkräuterpulver in warmer, abgekochter Milch 2mal täglich zu sich nehmen.

Salz

Salz stellt eigentlich kein Gewürz da, verfügt aber wie die Gewürze über verdauungsfördernde Eigenschaften.
Der Ayurveda rät, Steinsalz dem Meersalz vorzuziehen. Wir wissen, daß eine zu hohe Aufnahme von Salz den Blutdruck steigen läßt und zu Ödemen im Körper führen kann. Aus ayurvedischer Sicht ist dies so, weil der salzige Geschmack Kapha vermehrt.
Viele Gewürze werden in ihren verdauungsfördernden Eigenschaften verbessert, wenn sie mit Salz gemischt werden, was bei einem üblichen Kochvorgang ja ohnehin geschieht. In asiatischen Lebensmittelgeschäften erhalten Sie ein sehr gesundes, leicht schwefelhaltiges Steinsalz, das alternativ verwendet werden kann.

Senfsamen

Senfsamen sind erhältlich in weißer und schwarzer Form, beide enthalten sehr viel erhitzende Eigenschaften und sollten vor allem sehr fettreichen und öligen Speisen zugesetzt werden, um diese bekömmlicher zu machen.
Wenn Sie Senfsamen in erhitztes Öl geben, fangen die Samen schnell an zu springen, legen Sie deshalb sofort einen Deckel auf die Pfanne, und braten Sie dann die Samen kurz an, ehe weitere Zutaten in die Pfanne gegeben werden.

Trikatu

Die Mischung von drei speziellen Gewürzdrogen des Ayurveda, dem schwarzen Pfeffer, dem Langkornpfeffer Pippali und Ingwer, wird als Trikatu oder *dreifache Schärfe* bezeichnet. Sie stellen die bedeutsamste der klassischen Gewürzmischungen zur Entgiftung des Organismus und zur Wiederherstellung einer optimalen Funktion des Verdauungsfeuers Agni dar und können in Maßen täglich den warmen Mahlzeiten zugesetzt werden.

Zimt

Neben Kardamom ist das gemahlene Pulver der Zimtrinde das 2. Gewürz, das wegen seines Aromas und seiner Wirkung besonders gut zu Süßspeisen paßt. Verwenden Sie den süßlich schmeckenden Zimt zu Milchreis, Haferflocken- und Grießbrei, und fügen Sie Ghee zu.
Zimt kann auch von Pittaindividuen genossen werden, er fördert die Durchblutung und erwärmt Hände und Füße. Er entfaltet außerdem eine herzstärkende Wirkung, wenn man ihn mit Weißdorn gemischt einnimmt. Zimt dient auch der Beruhigung von gereizten Schleimhäuten im Bereich der Nasennebenhöhlen.

Zucker / Honig

Zucker zählt nicht zu den klassischen Gewürzen, hat aber doch einen deutlichen Einfluß auf das Gleichgewicht der drei Doshas. Der Ayurveda rät, wei-

ßen, raffinierten Zucker zu meiden und statt dessen Rohrzucker, Kandis oder Palmzucker zu verwenden.
Gehen Sie mit dem Zucker sehr bewußt um, er ist ein Tonikum und hilft, neues Gewebe aufzubauen, er steigert das Konzentrationsvermögen, in kleinen Mengen tötet er Bakterien ab, er begünstigt aber auch die Zunahme von Kapha im Körper und kann so zu Fettleibigkeit, Antriebslosigkeit und zur Entstehung von Stoffwechselschlacken beitragen.
Bringt man Zucker, z. B. in 1 Tasse Tee, mit Milch in Verbindung, wird er vom Verdauungssystem leichter assimiliert und besser verstoffwechselt. Warme Milch mit etwas Rohrzucker ist sehr nahrhaft und als beruhigender Schlaftrunk geeignet.
Honig wird dagegen als sauer eingestuft und deshalb anders verstoffwechselt als Zucker, er dient als gutes Trägermedium für Pflanzenarzneien.
Während vor allem Vata- und Pittapersonen der Gebrauch von Zucker empfohlen wird, sollten Kaphadoshas Honig vorziehen.

Gewürze, die für Kaphapersonen geeignet sind

Alle Gewürze, auch die sehr scharfen; besonders Ingwer, Gelbwurz, Lorbeerblätter, Muskatnuß, Myrrhe, Paprika, Pfeffer.

Gewürze für Vatapersonen

Anis, Basilikum, Bockshornklee, Kardamom, Koriander, Muskatnuß, Myrrhe, Fenchel, Gelbwurz, Nelken, Pfeffer, Safran, Ingwer, Sesamsamen, Süßholz, Zimt.

Gewürze für pittadominierte Individuen

Koriander, Safran, Süßholz, Zimt.
In kleinen Mengen ist bei guter Verträglichkeit auch die Verwendung von Kardamom, Ingwer und Gelbwurz möglich.

Erfahrungen mit der ayurvedischen Küche sammeln

Um von den Empfehlungen des Ayurveda profitieren zu können, ist es nicht notwendig, seine gewohnte Kost unmittelbar aufzugeben. Ratsam ist es, sich zuerst ein Sortiment der wichtigsten Gewürze und Lebensmittel zuzulegen und sich dann mit den speziellen Methoden der Zubereitung vertraut zu machen. Einige einfache Rezepte sollen den Einstieg in die vedische Kochkunst erleichtern. Wir haben bewußt weitgehend auf Mengenangaben verzichtet, denn die ayurvedische Küche lebt von der Intuition des Kochs!

Die Zubereitung des Essens ist der Vorgang, um die Intelligenz der Natur im Nahrungsmittel zu erwecken und sie mit dem Gefühl, der Intuition und dem Bewußtsein des Kochs in Einklang zu bringen. Verwenden Sie als Anhaltspunkt eine Menge von etwa 1 Teelöffel Gewürz pro Person. Bereiten Sie eine Mahlzeit für eine vierköpfige Familie, fügen Sie also 4 Teelöffel = 2 Eßlöffel einer Gewürzkomposition der Gesamtmenge hinzu. Um Gemüse für 4 Personen anzubraten, benötigen Sie im Schnitt 4–6 Eßlöffel geläuterter Butter (Ghee).

Wir essen nicht nur, um ein Bedürfnis des Körpers zu erfüllen, sondern um uns immer wieder in Übereinstimmung mit den im Nahrungsmittel offenbarten regenerierenden Einflüssen der Natur zu bringen und uns so mit der Intelligenz der Natur wieder zu verbinden – für wachsende Gesundheit, Erneuerung, Wachheit des Geistes, Frische und Lebendigkeit.

Wir haben die Pflicht, jede einzelne Zelle unseres Körpers glücklich zu machen, indem wir sie mit dem versorgen, was sie wirklich braucht. Der Ayurveda betont die große Bedeutung von leichtem, nicht belastendem Essen und zahlreichen Maßnahmen zur Entschlackung, er sagt aber auch, daß es kaum eine wichtigere Aufgabe geben kann, als unsere Zellen genauso liebevoll wie unsere Kinder zu nähren und zu hegen – durch die Geschicklichkeit der Zubereitung, die Wahl der am besten angepaßten Nahrung und das Gespür des Kochs; denn die biologische „Leuchtkraft" der Nahrung bestimmt über das Maß an Gesundheit unseres Körpers, dieses Mittlers zwischen den spirituellen und materiellen Bereichen der Schöpfung.

Basmatireis

Der besonders schmackhafte Basmatireis nimmt eine wichtige Stellung innerhalb der ayurvedischen Ernährung ein. Er wird seit Jahrtausenden am Fuß des Himalaja im Kaschmirtal angebaut. Basmati heißt soviel wie Duft oder Aroma, denn Basmati ist eine der aromatischsten Reissorten.
Schon in alter Zeit sprachen Heilkundige diesem Reis eine große Heilkraft zu. Eine zweijährige Lagerzeit intensiviert noch das feine Aroma.
Beim Anbau kann auf eine Düngung verzichtet werden, da diese auf natürlichem Weg stattfindet: Die Wasserflächen der Talterrassen sind überwiegend von kleinen Pflanzen bedeckt, die ihrerseits in Symbiose mit einer bestimmten Algenart leben. Diese Algen haben die Fähigkeit, freien Stickstoff aus der Luft zu binden und den Reispflanzen zuzuführen.
Alte indische Handschriften unterschieden im Jahr 1000 v. Chr. bereits 100 unterschiedliche Reissorten, wobei auch sie dem Basmatireis einen besonderen Wert beimaßen.
Basmatireis enthält unter anderem Natrium, Kalium, Mangan, Eisen, Kobalt, Jod, Zink, Phosphor und Fluor und ist ein Haupbestandteil gesunder Ernährung und spezieller Diäten.
Auch heute noch wird diese Sorte von ayurvedischen Medizinern zur Beschleunigung des Heilungsverlaufs bei Magen-Darm-Erkrankungen und sogar bei Leiden von Herz, Kreislauf oder Nieren verordnet.
Bei der schmackhaftesten und gesundheitsförderlichsten Sorte des Basmatireis wird nur die äußerste Schale des Korns entfernt, so daß er über Jahre gelagert werden kann, um seine maximale Qualität zu erreichen. Diese Form der Verarbeitung bringt einen natürlich weißen Reis hervor, der für die ayurvedische Küche unentbehrlich ist.

Erbsen mit Panir und Reis

Sie benötigen:
Basmatireis
frische Erbsen
Milch
Ghee
Kreuzkümmel
frische Ingwerwurzel
Zitronensaft
Salz

Panir bezeichnet den sehr bekömmlichen ayurvedischen Milchkäse, der nicht in Läden erhältlich ist, sondern frisch zubereitet werden muß.
Kochen Sie dazu 1 Liter Milch auf, und fügen Sie dann 2 Eßlöffel frisch gepreßten Zitronensaft und Salz hinzu. Sobald die Milch gerinnt, wird sie durch eine Metallseihe gegossen, in die ein sauberes Baumwolltuch eingelegt ist.
Wenn die in der Milch enthaltene Flüssigkeit, die Molke, weitgehend abgeflossen ist, pressen Sie mit Hilfe des Tuchs die festen Milchbestandteile aus, indem Sie das Tuch um die Masse herumschlagen und die Restflüssigkeit fest ausdrücken.
Hängen Sie anschließend das Tuch einige Zeit auf, damit sich der Panirkäse weiter verfestigt, eventuell kann er einige Stunden oder über Nacht über dem Waschbecken aushängen. Dann kann er weiterverarbeitet, das heißt zerkleinert, mit den Händen zu Kugeln geformt oder zerschnitten werden.
Zur Zubereitung des Menüs kochen Sie die Erbsen in Salzwasser gar.
In einem 2. Topf wird der Basmatireis gekocht, der nur etwa 10 Minuten Zeit braucht, um gar zu werden.
In der Zwischenzeit schneiden Sie den Panir in Würfel, oder formen Sie ihn mit den Händen zu Bällchen, und erhitzen Sie einige Eßlöffel voll Ghee.
In das heiße Ghee geben Sie Kreuzkümmelpulver, Salz und einige Scheibchen frisch geschnittene Ingwerwurzel (alternativ ist Ingwerpulver geeignet), die für kurze Zeit angebraten werden.
Nachdem die Erbsen gar gekocht sind, geben Sie sie zusammen mit dem Panir in das erhitzte Ghee und braten die Mischung nochmals an.
Reichen Sie zu dieser Speise Buttermilch als Getränk.

Blumenkohl und Kartoffelbrei – einmal anders

Sie benötigen: *Blumenkohl*
Kartoffeln
Ghee
Gewürze: Kreuzkümmel, Kardamom, Muskatblüte
Maharishi-Vatachurna
Joghurt
Haferflocken

Während die Kartoffeln garkochen, erhitzen Sie einige Eßlöffel Ghee in einer Pfanne und braten darin gemahlenen Kreuzkümmel, Kardamom und Muskatblüte und die Haferflocken an.
Sind die Kartoffeln gar, schälen Sie sie und zerstampfen sie zu Kartoffelbrei. Mischen Sie den Brei im Verhältnis 2 : 1 mit Joghurt, und mischen Sie dem Ganzen reichlich Maharishi-Vatachurna (eine Gewürzmischung aus dem Maharishi-Ayurveda) oder alternativ Gelbwurz und Kreuzkümmel zu.
Der Blumenkohl wird in der vorbereiteten Mischung aus Ghee, Gewürzen und Haferflocken für einige Minuten in der Pfanne angebraten. Füllen Sie dann genügend Wasser auf, um alles garzukochen.
Geben Sie vor dem Servieren etwas frisches Ghee über Kartoffelbrei und Blumenkohl.

Auberginengericht

Sie benötigen: *Auberginen*
Tomaten
gelbe Linsen (Dhal)
Basmatireis
Kichererbsenmehl
Buttermilch
Kreuzkümmel
Senfkörner
Ghee
Safran
Bockshornkleepulver
Panir

Kochen Sie die gelben Linsen in reichlich Wasser gar, was etwa 15 Minuten dauert, und geben Sie etwas Bockshornkleesamenpulver (dosieren Sie vorsichtig, denn größere Mengen Bockshornklee schmecken bitter) und Salz dazu.
In einem 2. Topf kochen Sie den Reis.
Schneiden Sie die Auberginen in etwa ½ cm dicke Scheiben und geben sie in eine Pfanne, in der Sie zuvor Kreuzkümmel, Senfkörner und Salz angebraten haben.
Nachdem Sie alles für weitere 2 Minuten gebraten und gewendet haben, fügen Sie die in Spalten geschnittenen Tomaten und 1–2 Tassen Wasser hinzu. Mit geschlossenem Deckel wird das Gemüse nun bei mittlerer Hitze gedünstet. Kurz bevor alles fertig ist, überbacken Sie das Auberginen-Tomaten-Gemüse in der Pfanne mit Panirscheiben.
Bereiten Sie aus dem Kichererbsenmehl, Salz, etwas Wasser und der Buttermilch unter Zugabe von einigen Safranfäden einen Teig, den Sie auswalzen oder mit den Händen zu flachen Scheiben formen können. Braten Sie diese Teigfladen in heißem Ghee knusprig aus.
Ästhetisch anordnen lassen sich ayurvedische Menüs, indem man auf die Mitte des Tellers mit Hilfe einer gestürzten Tasse eine kegelförmige Menge Reis gibt und kreisförmig darum herum Gemüse, Fladen und Dhal anordnet.
Servieren Sie zu dieser Speise Maharishi-Pittatee.

Süßspeise

Sie benötigen:
Milchpulver
Rohrzucker
Ghee
Rosenwasser
Mandeln
Kardamom
Ingwerwurzelpulver

Überbrühen Sie zuerst etwa 200 g Mandeln mit kochendem Wasser, und lassen Sie sie so lange stehen, bis sich die Schalen leicht entfernen lassen.
Mahlen Sie dann die Mandeln sehr fein und mischen sie mit 200 g Rohrzucker, 500 g Milchpulver und soviel flüssigem, warmem Ghee, daß eine halbfeste Masse entsteht.

Dazu kommen noch 3 Eßlöffel Rosenwasser, 4 Teelöffel Kardamompulver und 3 Teelöffel Ingwerpulver. Die Mengenangaben lassen sich, je nach geschmacklicher Vorliebe, variieren. Verrühren Sie das Ganze, bis sich alles gut gemischt hat und der Zucker aufgelöst ist, und gießen Sie die Masse in eine flache Schale oder Teller.
Nachdem die Mischung im Kühlschrank erkaltet und fest geworden ist, läßt sie sich in viereckige Stücke schneiden. Lassen Sie diese Süßspeise niemals lange im Kühlschrank, sondern servieren Sie sie bald nach der Zubereitung frisch, jedoch nicht kalt, sondern erst dann, wenn sie wieder die normale Raumtemperatur angenommen hat.
Erproben Sie außerdem einmal den ayurvedischen Rat, Süßes am Anfang eines Menüs zu essen und dann die Hauptspeisen folgen zu lassen.

Apfelchutney

Sie benötigen: *Äpfel*
Rosinen
Rohrzucker
Anis
Zimt
Ingwerpulver
Sahne
Ghee

Schälen Sie 5 Äpfel und entkernen Sie sie. Schneiden Sie die Äpfel in Würfel, und geben Sie sie zusammen mit 2 Eßlöffeln Rosinen und 3 Eßlöffeln Rohrzucker in einen Topf mit 2 Tassen Wasser. Dünsten Sie die Mischung bei mäßiger Hitze und wiederholtem Umrühren so lange, bis sie eine breiartige Konsistenz angenommen hat.
Erhitzen Sie 6 Eßlöffel Ghee in einer Pfanne, und geben Sie dann 1–2 Teelöffel Ingwerpulver, 2 Teelöffel Zimt und 2 Teelöffel frisch gemahlenes Anispulver dazu. Nach 1–2 Minuten geben Sie die Apfelmischung in das Ghee und verrühren alles.
Servieren Sie dieses sogenannte Chutney warm oder bei Zimmertemperatur mit frisch geschlagener Sahne.

Salat

Sie benötigen: *1 frischen Salatkopf*
frische Basilikumblätter
Joghurt
grüne Kürbiskerne
Gelbwurzpulver
Salz
Ghee

Waschen Sie den Salat gründlich, und verrühren Sie ihn zusammen mit wenig Joghurt, etwas Salz und den Basilikumblättern in einer Schüssel.
Erhitzen Sie die grünen Kürbiskerne und 1 gehäuften Teelöffel Gelbwurzpulver für 1–2 Minuten in 3 Eßlöffeln Ghee, und geben Sie alles über den Salat.

Gedünstete Karotten

Sie benötigen: *Karotten*
Mandelsplitter
Safran
Ingwer
Rosinen
Salz
Ghee

Schneiden Sie zuerst die Karotten (etwa 500 g) in Längsstreifen und dünsten sie in etwas Wasser in einer Pfanne.
Rösten Sie die Mandeln und einige Safranfäden, 1 Teelöffel Ingwer, Salz und 1–2 Eßlöffel Rosinen in 4 Eßlöffeln Ghee vorsichtig an.
Zuletzt geben Sie die gedünsteten Karotten in die Mischung aus Mandeln und Ghee, verrühren und braten erneut kurz an.
Zu diesem Gemüse paßt Basmatireis und Dhal (s. S. 126 und 162).

Essen im Restaurant

Eigene Erfahrungen mit den Empfehlungen des Ayurveda für eine optimale Ernährung zu machen, diese in der Küche zu erproben und sie in die Ernährungsgewohnheiten der eigenen Familie einzuführen, kann sehr viel Freude machen und die traditionellen Eßgewohnheiten sehr verbessern.
Was aber können wir tun, wenn wir häufig im Restaurant essen müssen, viel auf Reisen sind oder auf Kantinenmenüs angewiesen sind?

- Die meisten Restaurantküchen sind in der Lage und bereit, auf ausdrücklichen Wunsch vegetarische Speisen zuzubereiten, da immer mehr Menschen zu einer fleischlosen Ernährungsweise übergehen. Gerade auf Reisen ist eine leichtverdauliche Mahlzeit wichtig, die uns nicht ermüdet oder Verdauungsprobleme erzeugt. Vegetarische Speisen erfüllen diese Voraussetzung besser als andere.
- Erproben Sie die Vielfalt einheimischer und ausländischer Speisen. Lassen Sie sich dabei von Ihren Vorlieben leiten, denken Sie aber auch an den ayurvedischen Rat, gut gewürztes Essen zu bevorzugen. Unter den landestypischen Küchen empfehlen sich besonders die indische und die chinesische neben einigen modernen, gesundheitsbewußten Zubereitungsformen.
- In jedem Lokal findet sich zumindest Pfeffer als verdauungsfördernder Zusatz.
- Auch bei einem kostspieligen Menü nützt es im Grunde niemandem, wenn Sie es vollständig verzehren, obwohl Sie satt sind, nur weil Sie dafür bezahlen müssen. Auch hier gilt der ayurvedische Grundsatz, sich nicht zu überessen und nur soviel zu nehmen, daß kein Gefühl der Schwere entsteht.
- Ayurveda ist nicht gleich Rohkost! Nehmen Sie auch in Restaurants gut gekochte, warme Speisen zu sich.
- Nehmen Sie besonders bei Auslandsreisen ein verdauungsförderndes

Kräuterpräparat des Maharishi-Ayurveda zu jeder Mahlzeit ein, dies erleichtert die Umstellung auf ungewohnte Kost.

- In manchen Lokalen ist man bereit, Ihnen ein Glas heißes Wasser zu servieren, andernfalls ist stilles Wasser zum Essen geeignet. Mineralwasser mit Kohlensäurezusatz wird im Ayurveda nicht besonders befürwortet, da es den Verdauungsprozess irritiert. Die Kohlensäure kann neutralisiert werden, indem man dem Wasser etwas Salz und – falls vorhanden – einige Tropfen frischen Zitronensaft zusetzt.
- Alle Getränke, wie Wasser, Bitter Lemon oder Säfte, sollten kein Eis enthalten. Eis in Getränken ist ein entbehrlicher Bestandteil moderner Ernährungsweisen. Eiskalte Getränke „löschen" das Verdauungsfeuer Agni und führen bei entsprechender Veranlagung zu einem beschleunigten und verstärkten Auftreten von Diabetes mellitus, der Zuckerkrankheit.
- Speiseeis führt schnell zu einer Schwächung der Verdauungskraft und zieht, obwohl dies vielen Menschen nicht bewußt sein mag, bei sehr häufigem Genuß eine allgemeine Erkältungsneigung oder Bronchitis nach sich. Auch kleinere Kinder werden viel anfälliger gegen Erkältungskrankheiten und sollten deshalb auch im Sommer nicht täglich Speiseeis bekommen. Oft sind sie auch mit nur einer Kugel Eis oder einer Waffel mit Sahne zufriedenzustellen. Erwachsene können zwecks besserer Verträglichkeit zur Eisportion eine Tasse Kaffee oder Cappuccino nehmen. Dadurch treten die unerwünschten Nachwirkungen von Speiseeis in verringertem Maß oder gar nicht auf.

Ama oder Stoffwechselschlacken als Ursache von Krankheit

Der Ayurveda belehrt uns, daß es zwei Grundursachen für die Entstehung aller Krankheiten gibt:

- Der Irrtum des Verstandes oder der Fehler des Intellekts": Die Weisen sagen: „Die Welt ist für uns das, was unser Verstand daraus macht, und wie wir uns selbst und die Umwelt gedanklich bewerten, das prägt unsere Vorstellung darüber, was wahr und real ist."
  Unser Denken ist die ausschlaggebende innere Instanz, die uns sagt, wie wir uns und unsere Umwelt einzuschätzen, zu ordnen und zu bewerten haben. Entstammen unsere Ansichten, Meinungen und Emotionen nicht wirklich der vollen Klarheit unseres inneren Bewußtseins, sondern werden sie dominiert von Vorurteilen, Vorstellungen oder bloßen gewohnheitsmäßigen Meinungen, dann liegt ein Fehler im Denken vor. Da wir die Welt immer so sehen, wie wir selbst sind, können wir in einem solchen Fall gar nicht anders, als diesen Fehler auch überall um uns herum zu sehen.
- Die 2. Ursache für Krankheit ist: ungenügende Verdauung. Ein Ofen, der verrußt ist, brennt nicht mehr richtig, ein See, der mit Chemikalien belastet wurde, verliert die Vollkommenheit seines ökologischen Sytems. Die Vielfalt seiner Tierarten und Fauna verringert sich oder stirbt aus, das Wasser wird trüb und für den vorbeikommenden Wanderer bietet dieser See ein trauriges Bild. Auch der Mikrokosmos des menschlichen Körpers, Geistes und Bewußtseins kann nur dann seinen eigentlichen Zustand innerer Vollkommenheit, der Weisheit und des Glücks widerspiegeln, wenn der Stoffwechsel ebenso rein ist wie derjenige in einem gesunden Ökosystem. Alles Aufgenommene muß zu diesem Zweck *vollständig*

verdaut werden, keine unerwünschten, belastenden Rückstände dürfen im Organismus verbleiben.
Diesem Aspekt der Vermeidung von Giftansammlungen im Körper kommt im Maharishi-Ayurveda eine große Bedeutung zu, das Wissen um richtige Ernährungsgewohnheiten, Verdauungsprozesse und Entschlackungsmaßnahmen wurde dabei zu einem Höchstmaß perfektioniert.

7 Gewebe oder Dhatus

unterscheidet der Ayurveda. Ein Kreislauf der Nährstoffversorgung zirkuliert durch diese Gewebe.
Agni (oder das Verdauungsfeuer) spielt eine Schlüsselrolle für die Aufspaltung und Resorption aller Nahrung. Im Grunde beginnt der 1. Schritt der Verdauung außerhalb des Körpers:
Wir kochen rohe Nahrungsmittel und unterziehen sie auf diese Weise einer „Vorverdauung", damit die enthaltenen Nährstoffe von der körpereigenen Verdauung leichter aufgeschlüsselt werden können und besser resorbierbar sind.
Der Exaktheit und Wissenschaftlichkeit des Ayurveda erweist sich erneut am Beispiel der genauen Erläuterungen Charakas zu der Frage, was eigentlich bei der Verdauung im Körper geschieht. Charaka zeigt uns, wie der im Grunde wunderbar anmutende Vorgang der Umwandlung von Nahrungsmitteln in die vielfältigen und so unterschiedlichen Zellen, Gewebe und Organe geschieht.
Der Maharishi-Ayurveda betont, daß dabei nicht nur den stofflichen Bestandteilen der Nahrung eine Bedeutung zukommt, sondern daß die in den Lebensmitteln enthaltene „Intelligenz der Natur" wesentlich über das Maß unserer Gesundheit, über Wohlbefinden und innere Ordnung des Körpers bestimmt.
Ordnung und harmonische Gesetze finden sich überall in der Natur, wohin wir auch schauen, Salatsaat bringt aus dem Boden auf vollkommen mühelose Weise und wie von selbst frische Salatköpfe hervor. Die gleiche Intelligenz, die diesem natürlichen Wachstum zugrundeliegt, ist verantwortlich für die geordneten Bahnen der Planeten um die Sonne, die Brandung des Meeres und die ganze, unbegreifliche Vielfalt aller Erscheinungen der Natur.
Ob ein Nahrungsmittel im Mikrokosmos unseres Körpers „intelligente", also Ordnung schaffende und damit gesundheitsfördernde Wirkungen erzeugt, hängt von dessen Beschaffenheit, seiner Wirkung auf die Doshas, der Zeit

seiner Ernte, dem Reifungsgrad und seiner Verarbeitung und Zubereitung ab.

> Agni oder der körpereigene Metabolismus oder Stoffwechsel entscheidet in der Folge über Qualität und Struktur der entstehenden Gewebe.

Das 1. Produkt der Verdauung ist

- *Rasa* oder Plasma, die Blut- und Zwischenzellflüssigkeit, die Lymphe, daraus entsteht mit Hilfe eines Dhatu-Agni oder „Gewebefeuers"
- *Rakta*, die zellulären Blutbestandteile.
- *Mamsa* ist das Muskelgewebe,
- *Medha* das Fettgewebe.
- *Asthi* bezeichnet die knöchernen Anteile des Körpers,
- *Majja* ist der ayurvedische Begriff für Knochenmark und Nervengewebe, und
- *Shukra* stellt das Endprodukt aller Verdauungsschritte dar. Shukra wird als „Fortpflanzungsgewebe" bezeichnet und umfaßt Samen- und Eizelle.

Alle Gewebe sind Träger von Lebensenergien, wobei Shukra der feinstofflichste Gewebsanteil ist und die meiste potentielle Energie enthält.

Jeder Verdauungsprozeß von einem Gewebe in das nächste erfordert das Wirken eines Dhatu-Agni, das nur dann erfolgreich arbeiten kann,

- wenn die geeignete und richtig zubereitete Nahrung eingenommen wird,
- wenn keine Schlacken die Weiterverdauung behindern und
- wenn das Verdauungsfeuer selbst intakt ist.

Ein Nahrungsmittel kann den vollständigen Zyklus von Rasa bis Shukra schnell durchlaufen, wie z. B. gekochte Milch, oder es kann 6–42 Tage Zeit beanspruchen.

Beispiele für Krankheiten, denen mangelnde Ernährung eines Gewebes zugrundeliegen sind:

- Arthrose: Knochen-, Fett- und Knochenmarksgewebe weisen Defizite auf.
- Parkinson-Erkrankung und multiple Sklerose: Hier zeigt offensichtlich das Nervengewebe eine Mangelversorgung und Degeneration.
- Anämie: Das Blutgewebe ist unterversorgt.
- Osteoporose: Die Ernährung des Knochengewebes ist gestört.
- Unterzuckerung: Unter anderem erhalten die Nervenzellen zuwenig Kohlenhydrate, was sich in Symptomen von Schwindel, Schwäche und Labilität äußern kann.
- Diabetes mellitus (Zuckerkrankheit): Obwohl reichlich Kohlenhydrate im Blut zirkulieren, weist der Zellstoffwechsel einen Mangel an der Fähig-

keit auf, Zucker adäquat in energetische Prozesse zu transformieren – ein klassisches Beispiel einer Stoffwechselerkrankung, bei der fehlende Verbrennungsprozesse die Ursache sind, also das Verdauungsfeuer Agni nicht zufriedenstellend arbeitet.

Bei allen dieser Erkrankungen ist der Nährstofftransport zur Zelle und zu den Geweben gestört. Ursache hierfür ist die behinderte innere Ökologie des Metabolismus. Zu viele Nährstoffe werden dem Körper angeboten, er reagiert überlastet, die Verdauungskapazität ist nicht groß genug, oder die Nährstoffzirkulation im Organismus ist durch Ansammlung von Schlacken eingeschränkt.

Diesen Zustand nennen wir im Ayurveda das Vorhandensein von Ama, wobei der Begriff „Ama“ Stoffwechselschlacken jeder Art bezeichnet.

Verbessertes Wohlbefinden durch Entschlackung und Beseitigung von Ama

Etwa 70 % des menschlichen Körpers bestehen aus Wasser. Man kann sich ihn als ein in sich vollständiges, bewegliches Ökosystem im Kleinen vorstellen, das alle Grundbaustoffe des Universums und alle Arten von molekularen Verbindungen in sich trägt oder in der Lage ist, sie selbst herzustellen oder aufzunehmen.

Das innere Stoffwechselsystem des Organismus ähnelt dem Meer mit seinem Salzgehalt, den darin gelösten Spurenelementen und seinen zahlreichen höher oder niedriger entwickelten Organismen.

Krankheiten und ihre Vorstadien können als bloße Kommunikationsstörungen zwischen den einzelnen Teilen und dem Ganzen betrachtet werden. Irgendwo im Zwischenzellmilieu, der Lymphe, dem Plasma, im Blut, den Geweben oder der einzelnen Zelle, blockiert im Fall einer Erkrankung ein Störfaktor den reibungslosen Fluß der „Daten" oder des Stoffaustauschs untereinander. Die Unterbrechung der „Sprache der Zellen" untereinander kann eine elektrische Blockade sein, durch Fremdstoffe bedingt sein, durch Fehler der hormonellen Interaktion entstehen, immer ist Wasser das Transportmedium, ohne das es zu Stagnationen kommen muß.

Wasser ist auch dasjenige Element, das an 1. Stelle steht, wenn wir entschlacken wollen, da es in der Lage ist, Schlacken einfach „wegzuspülen". Der Maharishi-Ayurveda nutzt die Empfehlung Charakas, Wasser erst 10 Minuten lang abzukochen, bevor man es aus der Thermoskanne halbstündlich heiß zu sich nimmt. Diese Methode stellt die vielleicht einfachste und gleichzeitig hochwirksame Maßnahme dar, den inneren Organismus zu reinigen.

10minütiges oder längeres Abkochen aktiviert die entgiftende Wirkung des Wassers, es löst einige Fremdstoffe, wie z. B. Chlor, aus dem Wasser heraus,

und es macht das Wasser verdaulicher. Wasser kann offenbar ebenso gar gekocht werden, wie wir das mit einem Blumenkohl oder einer Mohrrübe tun, die durch den Kochvorgang ihre Konsistenz sichtbar ändern und leichter verdaulich und bekömmlicher werden. Abgekochtes heißes Wasser dringt so besser in die Körperzellen ein und fördert durch seine heiße Eigenschaft den Verbrennungsstoffwechsel der Zelle. Der Verdauungstrakt selbst wird dabei ebenso gereinigt.
Auf die Frage, ob zum Beispiel Kräutertee nicht die gleiche Wirkung habe, antwortete der Ayurvedaarzt Dr. Raju, daß man sein Geschirr ja gewöhnlich auch mit heißem Wasser und nicht mit Kräutertee oder Kaffee abspüle.
Das heiße Wasser kann man täglich trinken, besonders bewährt es sich als Bestandteil einer tiefgreifenden Entschlackungskur.

Die Amakur

Sie befreit den Körper von häufig vorhandenen Stoffwechseltoxinen aller Art.
Morgens nimmt man dazu als erstes Getränk 1–2 Teelöffel Zitronensaft in etwas lauwarmem Wasser ein, dem man 1 Teelöffel guten Honig zusetzt (in diesem Fall sollte das Wasser nicht heiß sein, da es dem Honig schaden würde, der schädliche Eigenschaften annimmt, wenn er über 38 Grad erhitzt wird).
Während des Tages trinken Sie etwa halbstündlich das heiße, über 10 Minuten abgekochte Wasser aus der Thermosflasche.
Das Frühstück fällt ganz aus, bei deutlichem Hungergefühl können Sie frisch ausgepreßten Saft Ihrer Wahl trinken (Saft aus der Flasche ist nicht geeignet).
½ Stunde vor und 1 Stunde nach dem Mittagessen meiden Sie bitte das heiße Wasser.
Das Mittagessen besteht aus einer vegetarischen Suppe, die jedes beliebige Gemüse und Reis oder Nudeln enthalten kann. Essen Sie von dieser Suppe soviel Sie mögen. Bei außergewöhnlich starkem Hunger kann man etwas trockenes, abgelagertes Brot dazu nehmen. Die Suppe sollte weitgehend fettfrei sein und viele Kräuter oder Gewürze, wie z. B. Basilikum, Majoran, Ingwer, Koriander, Kreuzkümmel, Pfeffer oder Muskat enthalten. Etwas pflanzliche Suppenwürze, ohne Glutamat, aus dem Reformhaus kann verwendet werden.

Bis zum Abend trinkt man wieder das heiße Wasser und bei Bedarf frischen Saft.

Wenn Sie zur Zeit des gewohnten Abendessens keinen Hunger verspüren, lassen Sie es einfach ausfallen, andernfalls ist nochmals eine frisch zubereitete Suppe als Abendmahlzeit vorgesehen.

Ein Entschlackungstag nach diesem Muster kann über einen langen Zeitraum 1- bis 2mal wöchentlich oder ununterbrochen über 10 Tage durchgeführt werden, um eine gründliche Regenerierung zu erreichen.

Bei der über 10 Tage durchgeführten Amakur sollten Sie mittags festere Nahrung zu sich nehmen, am besten gut gewürztes und mit Kräutern angereichertes Gemüse, Reis, Nudeln und etwas Salat, von allem soviel Sie mögen, jedoch kein Fett, nichts Frittiertes, keinen Käse und kein Yoghurt.

Bei großem Hunger zwischendurch essen Sie Reiskekse ohne Zusätze aus dem Reformhaus oder hin und wieder einen Apfel oder etwas Trockenobst.

Die Patienten berichten schon nach dem 1.Tag der Kur über die deutliche Empfindung, sich leichter und weniger belastet zu fühlen. Appetitlosigkeit am Morgen nach einem einzelnen Amatag sollten Sie nutzen, indem Sie auch an diesem Folgetag auf das Frühstück verzichten.

Auftretende Schwierigkeiten, wie Kopfschmerz, vorübergehendes Unwohlsein oder Heißhunger, verlangen immer danach, noch mehr und häufiger heißes Wasser und Saft zu trinken. Werden die Beschwerden zu heftig, nimmt man Brot zur Suppe und ißt etwas reichlicher.

Solche Reaktionen sind ein deutliches Zeichen für den besonderen Bedarf Ihres Körpers, sich des angesammeltem Ballasts zu entledigen. Denken Sie dann bitte öfter und regelmäßig daran, einen Amatag einzulegen. Während der Entschlackungstage sind Sie möglicherweise nicht ganz so belastbar, wie Sie es gewohnt sind, verzichten Sie deshalb auf anstrengende körperliche Tätigkeiten und Intensivsport, gehen Sie aber nach Möglichkeit viel spazieren.

Beschwerden, die sehr wahrscheinlich auf eine Ansammlung von Ama zurückzuführen sind und eine Amakur notwendig erscheinen lassen

Alle Beschwerden, die morgens schon beim Aufstehen oder kurz danach vorhanden sind, wie:

- Gelenksteifigkeit
- Rückenschmerzen
- Zerschlagenheitsgefühl

- Depressionen
- der Hang-over (am Morgen noch vorhandene Benommenheit und Unwohlsein) durch am Abend zuvor eingenommene synthetische Medikamente wie Beruhigungs- oder Schmerzmittel
- Appetitlosigkeit
- Schnupfen, Bronchialauswurf, Heuschnupfen
- Allergien
- Verdauungsschwäche
- Konzentrationsschwäche
- Pilzerkrankungen

und andere mehr.

Wie löst der Ayurveda das Problem der Pilzerkrankungen des Organismus?

Bis vor kurzem schenkte die westliche moderne Medizin der Tatsache, daß Pilze sich im menschlichen Körper ausbreiten und dort zu erheblichen Belastungen führen können, nur eine geringe Beachtung. Infektiöse Erreger, wie Bakterien und Viren, mit der Folge einer heftigen Akutreaktion des Organismus, stehen auch heute mehr im Mittelpunkt des Interesses des Mediziners. Die von diesen Erregern hervorgerufenen Erscheinungen sind auffällig oder sogar dramatisch und mittels Antibiotika und Penicillin teilweise effektiv zu behandeln.

Ein Pilzbefall des Körpers führt dagegen eher zu sich langsam entwickelnden, diffusen und weniger imponierenden Symptomen.*

Bei den wichtigsten drei humanpathogenen Pilzen, also solchen, die Pilzerkrankungen (Mykosen) mit oder ohne typischen Begleitsymptomen hervorrufen können, handelt es sich um:

- Dermatophyten (Hautpilze): Pilze, die Haut und Nägel befallen und außer Juckreiz und Schuppung oftmals kaum Beschwerden verursachen.
- Schimmelpilze: Eine Besiedlung des menschlichen Körpers mit Schimmelpilzen stellt eine höchst gefährliche Form von Infektion dar, wenn man bedenkt, wie hartnäckig diese Aspergillusarten zum Beispiel an feuchten Kellerwänden haften und wie resistent sie gegen alle Versuche reagieren, sie von dort dauerhaft zu entfernen. Die Beherdung eines inneren Organs, z. B. der Lunge, mit Schimmelpilzen und deren Dauersporen führt zu einer immerwährenden Überschwemmung des Immunsystems mit hochgiftigen Toxinen.
- Candidapilze: 4 Arten dieses Hefepilzes, der sich häufig im Dickdarm

*Siehe dazu den im gleichen Verlag erschienenen Ratgeber *Pilzerkrankungen – Ursachen, Symptome, erfolgreiche Naturheilverfahren* von Paul Mohr, ISBN 3-926955-82-1.

ansiedelt, sind in der Lage Canditoxine, spezifische Pilzgifte, zu erzeugen. Diese Hefen sind unter entsprechenden Bedingungen fähig, ihre Zahl innerhalb von nur 20 Minuten zu verdoppeln. Außerdem setzen sie proteolytische oder eiweißspaltende Enzyme frei, die Defekte in der Darmschleimhaut verursachen und körpereigene Abwehrmechanismen lahmlegen können, da wesentliche Anteile des Immunsystems sich in der Dickdarmwand befinden und „immunkompetentes" lymphatisches Gewebe dem Darm angelagert ist.

Pilze und deren Stoffwechselprodukte behindern nicht nur das reibungslose Ineinandergreifen der höchst komplexen Vorgänge, die für fehlerfreie immunologische Funktionen notwendig sind, sie können sich sogar in Makrophagen, den Freßzellen der körpereigenen Abwehr, einschleusen, wo sie sich ungehindert vermehren, um dann mit weitaus größerer Virulenz hervorzubrechen. Ihre Fähigkeit, den Organismus zu schädigen ist dann immens.

Beim Auftreten folgender Symptome sollte an die Möglichkeit einer Pilzinfektion gedacht werden:

- Verdauungsstörungen, Völlegefühl, aufgetriebener Bauch,
- Durchfälle, wechselnde Stuhlqualität,
- Heißhunger auf Süßes,
- Kopfschmerzen, Müdigkeit, Antriebslosigkeit,
- Erkältungsanfälligkeit,
- chronische oder schubweise auftretende Beschwerden, wie Gelenkschmerzen, Bronchitis und Asthma,
- chronische Stoffwechselinsuffizienz, wie z. B. beim Diabetes mellitus.

Der Ayurveda bemüht sich bei dem Verdacht auf eine Pilzbelastung des Patienten um eine differenzierte Diagnostik. Die Art des krankmachenden Pilzes wird außerdem ermittelt durch

- die labormedizinische Untersuchung einer Stuhlprobe,
- einen Abstrich,
- eine Probe aus dem Speichel oder Sputum des Patienten und
- einen Bluttest, der in der Lage ist, spezifische Antikörper gegen Pilze und deren Sporen im Blut nachzuweisen (Elisaantigentest).

Die übliche therapeutische Vorgehensweise der modernen Medizin besteht nach einem positiven Pilzbefund darin, den „Eindringling zu eliminieren". Halbsynthetische Substanzen, wie das Antimykotikum Nystatin, vermögen die Membran des Pilzes zu zerstören. Antibiotika oder Kortison werden unter Umständen zur Therapie von Sekundärentzündungen verabreicht, sie wirken jedoch nicht heilend, sondern erhöhen oftmals erst das Unvermögen

des körpereigenen Abwehrsystems, sich gegen Mikroorganismen zu schützen, da diese Stoffe erneut das Darmmilieu belasten.
Mikrobiologische Untersuchungen haben nachgewiesen, daß nach wenigen Tagen einer Antibiotikabehandlung häufig bis zu 80 % der nützlichen Darmbakterien abgetötet sind. Die Folge ist eine dauerhafte Einschränkung der normalen Darmfunktionen, wie Immunität, Resorption, Ausscheidung oder Vitaminaufbau.
Die Formel: „Erreger abgetötet = Patient gesund" geht nicht auf!
Nach der ayurvedischen Definition ist ja Gesundheit nicht allein die Abwesenheit von Belastungsfaktoren; ein gesundheitliches Problem ist nicht zwangsläufig gelöst, wenn keine Krankheitssymptome mehr da sind, sondern erst dann, wenn alle Stoffwechsel-, Ausscheidungs-, Gewebs- und Organfunktionen in einem Höchstmaß harmonisch zusammenwirken und das Ergebnis dauerhaftes Wohlbefinden ist.

Das ayurvedische Konzept einer antimykotischen Behandlung

Der Maharishi-Ayurved sieht die Besiedlung irgendeines Körperbereichs mit Pilzen nicht als isoliertes Problem an. Laut Ayurveda kann es dazu erst kommen, nachdem bereits mehrere schwächende Faktoren eingewirkt haben und der Organismus sich nun in einem merklichen Ungleichgewicht befindet.
Alle Fremdelemente im Stoffwechsel, wie Viren, Bakterien, Parasiten und Pilze, können als verschiedene Erscheinungsformen von Ama (Stoffwechselschlacken) verstanden werden. Die Pulsdiagnose zeigt dem ayurvedischen Behandler neben der aktuellen Doshasituation und dem Zustand der Gewebselemente auch den Grad der Verschlackung an, dem ein Patient ausgesetzt ist.
Ein Pilzbefund hat in der Regel eine Affinität zu einem Ungleichgewicht des Kaphadosha. Der Stoffwechsel und das Immunsystem sind in diesem Fall nicht leistungsfähig genug, diese Fremdorganismen vollständig aus dem System zu eliminieren. Wie beim Vorliegen von Ama ist das Verdauungsfeuer Agni nicht in der Lage, diese Fremdstoffe „rückstandslos zu verdauen".
Schon die alten Mikrobiologen waren der Auffassung „Der Wirt ist alles, der Keim ist nichts". Gemeint ist damit, daß das „innere Milieu", auf das ein

Erreger trifft, entscheidend ist für Gesundheit oder Krankheit. Sie teilten damit die ayurvedische Auffassung, daß sich nur dann Fremdkörper im Sinne von Erregern im Körper ausbreiten oder Schlacken und Unreinheiten im Stoffwechsel fortbestehen können, wenn das reinigende Moment des Verdauungsfeuers geschwächt ist, also das stoffwechselaktive Pittaelement und das für eine vollständige Verdauung notwendige Agni nur unvollständig arbeiten.

Liegt eine spezifische Pilzerkrankung vor, setzt die moderne Medizin, wenn bereits ein bedrohliches Stadium der Infektion erreicht ist, Antimykotika, also direkt pilzabtötende Arzneimittel zur Behandlung ein. Da sich der Pilz bei einem vollständig intakten Immunsystem unter keinen Umständen ausgebreitet haben könnte, muß die zugrundeliegende Schwäche der körpereigenen Abwehrmechanismen gleichzeitig mitbehandelt werden.

Die ayurvedische Antipilztherapie ist im wesentlichen eine kaphareduzierende Behandlung.

- Begleiten Sie jede Art von Behandlung eines Pilzbefalls durch wiederholte Entschlackungstage nach dem Schema der „Amaelimination" (Amakur)
- Läßt sich die geeignete ayurvedische Diät, um Kapha abzubauen, für Sie nicht konsequent praktizieren, z. B. bei Kantinenessen, greifen Sie sooft wie eben möglich darauf zurück, und verwenden Sie diejenigen der herkömmlichen Lebensmittel, die ebenfalls Kapha reduzieren (wie Senf, Meerrettich, Pfeffer), und meiden Sie vor allem süße Speisen und Getränke. Um schnelle und zufriedenstellende Ergebnisse zu erzielen, befolgen Sie die nachstehenden Anweisungen.

Die Anti-Pilz-Diät

Nehmen Sie täglich 2–3 Hauptmahlzeiten zu sich, das Frühstück kann eventuell ausfallen, wenn Sie sich ohne zu frühstücken wohl fühlen.

Abgekochtes heißes Wasser (10 Minuten gekocht) in der Thermoskanne aufbewahrt, ist auch in diesem Zusammenhang ein wesentlicher Bestandteil der Kur und sollte etwa halbstündlich schluckweise heiß getrunken werden. Setzen Sie dem Wasser ¼ Teelöffel Ingwerpulver bzw. 5 Scheiben der frischen Ingwerwurzel pro Thermoskanne zu.

- Senf, Meerrettich, glutamatfreier Curry und Gewürztee (der Yogitee aus dem Reformhaus) bzw. Kaphatee, gehören zu den Lebensmitteln, die unter anderem durch ihren Gehalt an ätherischen Ölen stark desinfizierend wirken und Pilze dezimieren können.

- Sie sollten 2mal täglich 1–2 Gewürznelken, nachdem Sie die harten Spitzen entfernt haben, etwas ankauen und dann mit heißem Wasser herunterschlucken. Vor dem Schlafen und vor dem Mittagessen nehmen Sie 1 gestrichenen Teelöffel Gelbwurzpulver (Kurkuma) ebenfalls mit heißem Wasser ein.
- Bei guter Verträglichkeit verwenden Sie reichlich Muskat, Pfeffer, Paprika, Zimt, Kresse, Basilikum und andere Kräuter.
- Ziehen Sie umfangreichen Mahlzeiten häufiger frisch zubereitete, gewürzte Suppen vor.
- Besonders gut geeignete Gemüse sind Chicorée, Artischocken, Spargel, Kohlsorten, Möhren und Mais.
- Hirse, etwas Reis, Kartoffeln, Nudeln und etwas Dhal (die verschiedenen Arten einheimischer und ausländischer Linsen und Bohnen) sättigen auf angenehme Weise.
- Salat und Rohkost sollten nur in kleinen Mengen und nur zusätzlich zum Mittagessen verwendet werden.
- Brot ist in getoasteter Form vorteilhafter.
- Denken Sie an Buttermilch oder Joghurt zum Mittagessen.
- Verwenden Sie reifes Obst und häufiger auch frisch ausgepreßten Saft der Orange und Grapefruit, außerdem Blaubeersaft und Saft der roten Beete.
- Für Nichtvegetarier sind ergänzend Fisch, Geflügel und Meerestiere geeignet.
- Bei den Fetten beschränken Sie sich auf Maisöl und geläuterte Butter.
- Abends ist ein kleines Menü aus Suppe, getoastetem Brot, Hütten- oder Streichkäse geeignet, nach 19 Uhr sollten Sie nichts Festes mehr zu sich nehmen, trinken Sie nach Belieben Kräutertee. Gelber Schnittkäse sollte während der Elimination von Pilzen generell gemieden werden.
- Zum Abendessen und bei gutem Appetit außerdem zum Frühstück sind auch Müsli, Grießbrei oder Haferflockenbrei geeignet.
- Süßen Sie für die Zeit der Pilzkur nur mit Milchzucker aus dem Reformhaus, denn pathogene Pilze „lieben" Zucker, können aber Milchzucker nicht oder nur sehr bedingt verstoffwechseln.
- Salzen Sie mit Steinsalz ohne Zusätze.

Meiden Sie vor allem für 4 Wochen:

- Süßigkeiten, Schokolade, Kuchen, Speiseeis, Kekse usw.,
- Schweine- und Rindfleisch,
- Eier,
- Zwischenmahlzeiten außer Obst.

Abnehmen mit Ayurveda

Alle ayurvedischen Empfehlungen sind geeignet – wenn man sie ernst nimmt und praktisch erprobt –, zu einer Normalisierung des Körpergewichts zu führen. Aber was bedeutet „normales" Gewicht?

Bei 2 Studien, die in den USA und Kanada an 100 eineiigen Zwillingspaaren durchgeführt wurden, zeigte sich, daß die Neigung, ein hohes Körpergewicht zu erreichen, offenbar tatsächlich durch Erbfaktoren mitbestimmt wird und Umwelt und Eßverhalten das Gewicht nur zu knapp 30 % beeinflussen. Bei der Untersuchung wurden die Zwillingspaare während 100 Tagen besonders reichhaltig ernährt, und das Ergebnis waren Gewichtszunahmen zwischen 4 und 13 kg. Innerhalb der einzelnen Paare unterschied sich der Gewichtszuwachs jedoch kaum, d. h., beide Geschwister einiger Paare nahmen jeweils um 4 kg, andere Paare jeweils um 7 und wieder andere um 13 kg zu, was bewies, daß ein genetischer, also ererbter Faktor bei zusammengehörenden Zwillingen gleichermaßen wirksam sein mußte. Diese Befunde bestätigen die Erfahrungen mit den drei Doshas, nach denen einige Menschen normale Mengen oder betont wenig essen und stark zunehmen (Kaphatypen), andere vielleicht weit mehr Nahrung zu sich nehmen, aber schlank bleiben (Pitta- bzw. Vatatypen). Als weltweit einziges Ernährungssystem vermittelt nur der Ayurveda wie diese Grundanlagen gehandhabt werden müssen, um Übergewicht zu vermeiden und einen optimal funktionstüchtigen Stoffwechsel bei jeder Art von konstitutioneller Veranlagung zu erreichen.

Diejenigen, die wohlbeleibt sind, aber beteuern, tatsächlich nicht viel zu essen, verfügen über eine Kaphakonstitution oder leiden unter einer Kaphastörung. Jede Gewichtszunahme ist also generell ein Kaphaproblem.

Bevorzugen Sie in diesem Fall Speisen, wie sie zur Verringerung von Kapha empfohlen werden:

- Trinken Sie regelmäßig kleinere Mengen des heißen Wassers mit Ingwerzusatz.
- Essen Sie ausgesprochen leichte Nahrungsmittel, wie Mais, Chicorée, Reiskekse, Kohlsuppen usw.
- Verwenden Sie reichlich scharfe Gewürze, besonders Ingwer, Koriander, Kreuzkümmel, Gelbwurz, Nelken und nur wenig Salz.

Reduziert man die zugeführte Nahrungsmenge abrupt, können sich überraschenderweise schnell Gallensteine bilden! Der Grund dafür ist, daß sich bei geringerer Nahrungszufuhr auch das Verdauungsfeuer Agni vermindert. Das ist ein Grund, warum der Ayurveda keine drastischen Abmagerungsversuche gutheißt und eine Nulldiät ablehnt. Gewürze sind in jedem Fall hilfreich, da sie durch ihre Eigenschaft, den Gallenfluß zu vermehren, die Gefahr der Gallensteinbildung verhindern, außerdem dienen sie unmittelbar der Fettverdauung.

Ist man mit seinem Gewicht unzufrieden, ist es besonders wichtig, einen guten Kontakt zu seinem natürlichen Hunger- und Sättigungsmechanismus wiederherzustellen. Essen Sie dazu sehr bewußt, planen Sie sehr genau, wie die einzelnen Mahlzeiten des Tages aussehen sollen, und versuchen Sie, ein Gefühl dafür zu entwickeln (bzw. dieses Gefühl bei sich wiederzuentdecken), welche Nahrungsmenge morgens, mittags und zum Abendessen die für Sie wirklich richtige ist.

Bleiben Sie nach jeder Mahlzeit bewußt lange am Tisch sitzen, denn nur so spürt Ihre Körperintelligenz, daß Sie gegessen haben, und nur so entwickelt sich die innere Erfahrung, satt zu sein. Der immer unzufriedene Geist, der umherschweift und nach noch zufriedendstellenderen Lebensmitteln sucht, blockiert die Entstehung dieses feinen inneren Gefühls, das uns sagt, wann die Nahrungsmenge optimal war.

Konzentrieren Sie Ihre Aufmerksamkeit niemals nur auf das Abnehmen, denn das führt zu Spannungen, Unzufriedenheit oder sogar zu inneren Kämpfen. Erstellen Sie sich statt dessen einen umfassenden Plan für vollkommenes Wohlbefinden und Gesundheit. Schreiben Sie sich für eine Woche im voraus auf, wann Sie etwas für Ihre Gesundheit tun wollen und was Sie genau unternehmen werden. Beziehen Sie dabei die folgenden ayurvedischen Empfehlungen mit ein:

- Bevorzugen Sie täglich bewußt zumindest einige der für Ihren Typ empfohlenen Nahrungsmittel.
- Führen Sie 1–2 „Amatage" pro Woche durch.
- Integrieren Sie, so gut es zeitlich möglich ist, das Heißwasser in Ihren Ernährungsplan.

- Schreiben Sie genau auf, welche Ihnen schädlich erscheinende Lebensmittel, wie Konserven oder qualitativ weniger gute Nahrungsmittel, Sie nicht mehr kaufen werden.
- Ersetzen Sie Süßigkeiten, vor allem dunkle Schokolade, Bonbons, Pralinen, Weingummi, Kaugummi, Kekse, Marmelade, gesüßte Brausegetränke und Flaschensäfte, vollständig durch Haferflocken- oder Grießbreispeisen, natürlichen Pudding, eventuell weiße Schokolade, Marzipan, Reiskekse, frisch gepreßte Säfte, Ingwermarmelade und Honig.
- Notieren Sie die Uhrzeit und den Umfang geplanter sportlicher Tätigkeiten, wie Schwimmen, Wandern, Fahrradfahren oder Spazierengehen.
- Denken Sie täglich darüber nach, welche anderen Dinge ein Gefühl innerer Freude und der Zufriedenheit in Ihnen wecken, die Ihnen nicht schaden oder Sie überlasten, und folgen Sie diesen inneren Neigungen.
- Fangen Sie auch an, zu beobachten, ob Sie sich irgendwo unter Druck setzen oder überfordern. und beginnen Sie freundlicher mit sich umzugehen.
- Halten Sie sich genau an Ihren Plan, notieren Sie aber auch, in welchen Momenten Sie nicht Ihrem Vorhaben gefolgt sind und aus welchem Grund. Vermerken Sie abends, welche Veränderungen Sie bei sich beobachtet haben und welche Auswirkungen die Ernährungsumstellung auf Ihre emotionale Lage, Ihre Leistungsfähigkeit und das Allgemeinbefinden hat.

Vegetarier leben gesünder

Der Ayurveda ist keine weltfremde Lehre, die den ausschließlichen Vegetarismus propagiert. Die alten ayurvedischen Schriften machen bei tierischer Nahrung die gleichen Unterschiede wie bei allen anderen Lebensmitteln: Sie unterteilen sie nach ihrer Wirkung auf die 3 Doshas und nach ihrer Bekömmlichkeit.

So raten sie einem nichtvegetarischen Pittaindividuum, Huhn, Truthahn und vom Ei nur das Eiweiß zu essen und Rindfleisch, Meeresfrüchte und Eigelb zu meiden.

Ein Kaphatyp sollte Huhn und Truthahn ebenfalls vorziehen und im besonderen Schweine- und Rindfleisch und Meeresfrüchte meiden.

Der Vatatyp verhält sich richtig, wenn er Huhn, Truthahn und Meeresfrüchte ißt und auf Rindfleisch verzichtet.

Trotzdem gibt es einige gewichtige Argumente, die dafür sprechen, seltener Nahrung tierischer Herkunft zu verzehren:

- Wissenschaftler des Deutschen Krebsforschungszentrums (DKFZ) in Heidelberg haben darauf hingewiesen, daß während einer 5jährigen Beobachtungszeit in einer Gruppe von Menschen mit vegetarischer Lebensweise 60 % weniger verstarben, als dies statistisch zu erwarten gewesen wäre. In der Studie an 1904 Männern und Frauen, die entweder ganz auf tierische Produkte verzichteten (3 %), als konsequente Vegetarier weder Fleisch noch Wurst aßen (58 %) oder als eingeschränkte Vegetarier, die gelegentlich oder selten solche Produkte aßen (39 %), konnte eine „dramatische Lebensverlängerung" konstatiert werden. An Todesursachen von Seiten des Herzens und des Kreislaufs sterben Vegetarier nur halb so häufig wie die Restbevölkerung. Todesfälle durch Krebs treten bei vegetarisch lebenden Männern lediglich in 50 % der Fälle auf und sind bei Frauen um ein Viertel reduziert.

- Der Hauptharnsäurebildner im Körper ist das tierische Eiweiß, eine betont vegetarische Ernährung ist deshalb von wesentlicher Bedeutung für die Behandlung von rheumatischen und anderen Stoffwechselerkrankungen, die von einem erhöhten Harnsäurespiegel begleitet sind.
- Der menschliche Verdauungstrakt scheint mehr demjenigen der pflanzenfressenden Säugetiere zu ähneln als dem der Raubtiere. Der menschliche, etwa 6 m lange Darm ist besonders dafür geeignet, Nahrungsmittel mit einer langen Verweildauer im Körper gründlich zu verdauen. Ähnlich lange Därme haben die pflanzenfressenden Kühe, Schafe und Pferde. Bei typischen Fleischfressern findet man einen sehr kurzen Darm, der eine rasche Ausscheidung der harnsäurereichen Fleischnahrung ermöglicht.
- Die Verdauung tierischen Gewebes verbraucht sehr viel Energie, während der überwiegende Teil pflanzlicher Nahrungsmittel leicht verdaulich ist und innerhalb des Körperhaushalts weit weniger Energie für Verdauungszwecke beansprucht.
- Milch und aus ihr hergestellte Produkte, wie Butter, Ghee, Dickmilch, Joghurt, Hüttenkäse und Sahne, gelten im Ayurveda als besonders wertvolle Lebensmittel für Vegetarier. Sie haben einen hohen Nähr- und Aufbauwert nicht nur für Kleinkinder, sondern für Erwachsene aller Altersgruppen.
- Zunehmend mehr Menschen stellen heute fest, daß sie eine hohe Zufuhr an Fleischeiweiß nicht benötigen, um sich gesund, kraftvoll und voller Elan zu fühlen. Immer mehr Kinder, Jugendliche und Erwachsene empfinden den Gedanken, ehemals lebendige Wesen zu verzehren, als nicht angenehm und gehen deshalb verstärkt zu einer Gemüsekost über.

Das Sonnengebet

Der Begriff *Yoga* ist bei vielen Menschen die erste Assoziation, die sie mit dem Namen Indien verbinden. Tatsächlich wurden in diesem Land über Jahrtausende bestimmte Körperübungen kultiviert und weitergegeben, die heute zum Teil auch in der westlichen Welt in den sogenannten Yogaschulen vermittelt werden.

Der Maharishi-Ayurveda sieht die Ausübung von Yogaübungen nicht als einen effektiven, eigenständigen Weg an, um das menschliche Bewußtsein zu entwickeln, betont aber deren Bedeutung als begleitende Maßnahme für die Entstehung einer guten Interaktion zwischen Bewußtsein, Geist, Gefühlsbereich, den mehr energetischen Aspekten des Organismus und dem physischen Körper.

Die authentische indische Philosophie verbindet mit dem Begriff Yoga keine Körperübungen, sondern einen Bewußtseinszustand der Einheit.

> Das *Sonnengebet* oder *Surya Namaskar* stellt eine Reihe von Körperhaltungen dar, die mehrmals am Tag ausgeübt werden sollen und zahlreiche, allgemein regulierende Wirkungen entfalten.

Nach dem morgendlichen Aufstehen mag der beste Zeitpunkt gegeben sein, mit den Übungen zu beginnen, die man einmal oder beliebig oft nacheinander wiederholen kann.

Der Name Sonnengebet rührt daher, daß die Augen in Richtung der aufgehenden Sonne schauen sollten, natürlich ohne dabei in die Sonne zu blicken. Die Sonne als Manifestation kosmischer Energieprozesse versorgt den Übenden zu dieser Zeit besonders mit wärmender Lebensenergie.

Übung 1

Wir stehen aufrecht, das Gesicht ist der Sonne zugewandt, die Füße stehen parallel nebeneinander, die Hände falten wir vor der Brust (wie bei einem Gebet üblich).

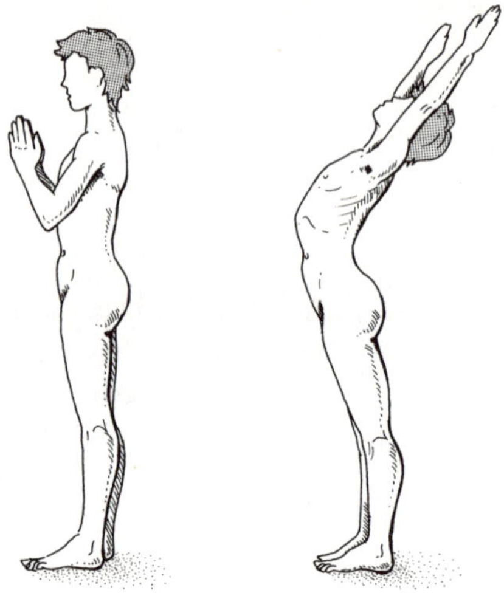

Übung 2

Einatmend strecken wir jetzt die Hände und Arme langsam nach oben und beugen uns dabei nach hinten.

Übung 3

Wieder ausatmend beugen wir uns nun nach vorne und unten, wobei die Knie durchgedrückt bleiben. Wenn Sie bereits so beweglich sind, legen Sie die Handflächen vor sich auf den Boden auf (Abb. Seite 155 oben links).
Überfordern Sie sich jedoch niemals, und beugen bzw. strecken Sie Ihren Körper immer nur so weit, daß keine Schmerzen auftreten. Die Flexibilität wird mit der Zeit wachsen, und Sie werden bemerken, daß es Ihnen leichter fällt, die Bewegungen so auszuführen, wie es auf den Abbildungen zu sehen ist.

Übung 4

Beim Einatmen wird das linke Bein nach hinten gestreckt, die gespreizten Zehen und das linke Knie werden auf den Boden aufgestellt.
Das rechte Bein winkeln Sie an, wobei die gesamte Fußsohle auf dem Boden steht.

Die Handflächen der beiden gestreckten Arme berühren vor Ihnen den Boden, während der Kopf nach oben gerichtet ist.

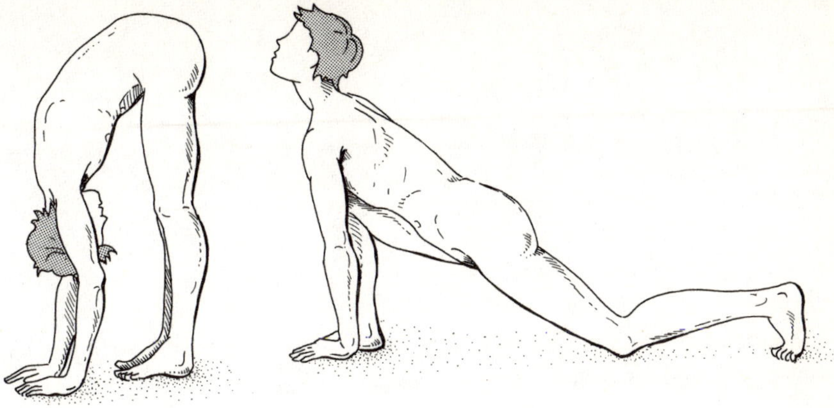

Übung 5

Während Sie ausatmen, bilden Sie eine „Brücke", bei der nur noch die Handflächen und die Fußspitzen den Boden berühren, während der Körper einen Bogen beschreibt.

Übung 6

Sie atmen nun wieder aus und legen den Körper so auf den Boden auf, daß die Zehen, die Knie, die Brust und die Stirn den Boden berühren, dabei strekken Sie Unterleib und Hüften so weit wie bequem möglich vom Boden weg. Der Körper beschreibt dabei also fast eine Wellenform (Abb. Seite 156).

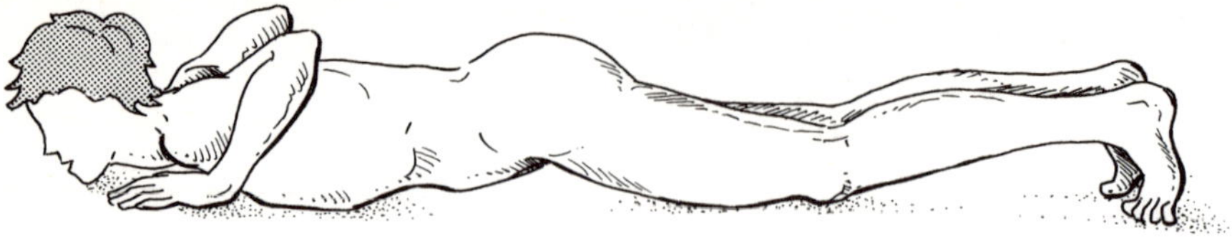

Übung 7
Einatmend drücken Sie jetzt die gestreckten Arme und den Oberkörpers nach oben, während die Beine liegen bleiben.

Übung 8
Nun folgen keine neuen Stellungen mehr, diese Übung ist die gleiche wie Nummer 5, stellt also ein umgekehrtes „V“ dar.

Übung 9 – 12
Wie Übungen 4 – 1. Wechseln Sie bei der Übung 4 jedoch nun das Standbein, strecken Sie also jetzt das rechte Bein nach hinten.

Sie haben einen kompletten Übungszyklus hinter sich gebracht, der mehrmals wiederholt werden sollte, z. B. 4mal nacheinander, was wiederum 2mal täglich praktiziert wird. Benutzen Sie eine Decke als Unterlage, und gehen Sie betont langsam und gemächlich vor

Die zu erwartenden Wirkungen des Surya Namaskar sind:

- Verbesserung der Geist-Körper-Verbindung,
- Optimierung des Wohlbefindens und der Leistungsfähigkeit,
- Verhinderung der Entstehung von Krankheiten,
- Heilung von Verdauungsstörungen wie chronische Verstopfung,
- Normalisierung des Blutdrucks,
- Durchblutungsförderung,
- Kräftigung der Muskulatur und der Sehnen,
- antidepressive Wirkung,
- Vergrößerung der Atemkapazität.

Übungen zur Verbesserung der Sehfähigkeit

Die Fähigkeit unserer Augen, scharf zu sehen, Licht wahrzunehmen und Farben zu unterscheiden, hängt von der Qualität des Agni, unseres inneren Stoffwechselfeuers, ab.

Bei vielen Menschen, die sich durch ein starkes Vorherrschen des Pittadoshas auszeichnen, fällt uns der intensive, durchdringende und klare Ausdruck des Blickes ihrer Augen auf. Es ist kein Zufall, daß Personen mit einem gesunden und starken Pitta überwiegend auch über eine gute Sehkraft verfügen. Das sogenannte *Alochaka-Pitta* ist ein Anteil des Gesamtpitta des Körpers, das die Augen mit Energie versorgt.

Der Zusammenhang zwischen pittabedingten Emotionen und den Augen wird uns schnell klarer, wenn wir uns die Aussagen vergegenwärtigen: „Er ist blind vor Wut", „er sieht rot", und „ihre Augen sprühten Feuer". Diese Zustände würden von einem überhöhten Pitta zeugen, im ausgeglichenen Zustand führt Pitta zu hellen, strahlenden, klaren Augen.

Schwäche der Augen oder entzündete Augenbindehäute können also auf einer Pittastörung beruhen.

Wie jedes Organ, so können auch die Augen selbst, ebenso wie ihre Funktionstüchtigkeit, geschult und verbessert werden.

Zuerst sollte eine mögliche Allgemeinstörung des Pitta- oder auch eines anderen Dosha geheilt werden, dabei sollte der Patient zu folgenden Sehübungen übergehen:

- Schauen Sie mit geschlossenen Augen in die Sonne, natürlich niemals mit geöffneten Lidern, und lassen Sie die warmen Sonnenstrahlen für einige Sekunden auf Ihren Augenhintergrund fallen. Das helle Sonnenlicht ist gleichsam Nahrung für die Augen und „lädt" das Sehvermögen energetisch auf.

- Die Fingerspitzen massieren leicht und vorsichtig im Uhrzeigersinn die geschlossenen Augen für etwa 10 Sekunden. Achten Sie bewußt auf die dabei wahrnehmbaren Farben, was den Sehzellen und -nerven guttut. Nach kurzer Pause wiederholen Sie die Übung mehrmals.
- Ein wirksames Augentraining besteht darin, eine Zeichnung mit klaren Umrissen an die Wand zu heften und den Linien ruhig und systematisch mit dem Blick zu folgen. Sitzen Sie dabei entspannt auf einem Stuhl.
- Hängen Sie morgens die Tageszeitung einmal an die Wand! Man versucht nun, den Abstand zwischen Schriftzug und Augen täglich etwas zu vergrößern, indem man jeden Tag etwas weiter mit dem Stuhl wegrückt. (Sie brauchen jedoch nicht die ganze Zeitung auf diese Weise zu lesen...!)
- Trainieren Sie die Fähigkeit, nah zu sehen, indem Sie erst ein Auge schließen und mit dem anderen für wenige Sekunden auf die Nasenspitze schauen, dann wechseln Sie und wiederholen auch diese Übung mehrmals.
- Setzen Sie sich an einen Tisch, stützen Sie die Ellenbogen auf, und bedekken Sie beide Augäpfel mit den Handinnenflächen, so daß Sie für kurze Zeit nur Dunkelheit wahrnehmen. Diese Übung hat auch einen allgemein entspannenden Nebeneffekt.
- Der Ayurveda betont, wie wichtig rechtzeitiges Zubettgehen und genügend Schlaf für die Erhaltung der Sehkraft sind.

Einige wichtige ayurvedische Begriffe

Abhyanga

Die Abhyangamassage bezeichnet die ayurvedische Ganzkörpereinreibung mit Öl. Zu Hause kann man sie im vorgeheizten Badezimmer, am besten morgens nach dem Aufstehen, für 5–10 Minuten durchführen. Man benötigt dafür Sesamöl, das einmal auf dem Herd für kurze Zeit stark erhitzt wurde und das man nach dem Abkühlen in die Flasche zurückgefüllt hat.
Erwärmen Sie vor der Anwendung dieses Öl erneut, und massieren Sie nun Ihren gesamten Körper damit, beginnend bei der Kopfhaut, über das Gesicht, die Ohrmuscheln, Hals, Brust, Bauch, Arme, Rücken, Beine und Füße. Wenden Sie das warme Öl an den Fußsohlen besonders gründlich ein.
Warten Sie nun, während Sie zum Beispiel auf dem Badewannenrand sitzen, einige Minuten, und nehmen Sie dann ein warmes Bad oder eine Dusche.
Sie werden einen vielleicht unerwartet positiven Effekt feststellen, der Sie den ganzen Tag über viel gelassener und belastbarer werden läßt. Besonders Vatapersonen profitieren enorm von dieser Art der Selbstmassage.
Bevor Sie einmal aus Zeitmangel ganz auf die Abyhangamassage verzichten, ist es möglich, die Haut nach dem Duschen oder Baden sehr dünn mit etwas Maharishi-Vata-Massageöl einzureiben. Wenn Sie entsprechend zurückhaltend dabei vorgehen, können Sie die Tageskleidung wie gewohnt anziehen, ohne den dünnen Ölfilm entfernen zu müssen. Auch diese besondere Form der Hautpflege bewirkt bereits eine spürbare Ausbalancierung des Vatadosha über den ganzen Tag.

Agni

Das Verdauungsfeuer bezeichnet die stoffwechselbewirkende Instanz im menschlichen Verdauungsapparat, die die Aufspaltung der Nahrung ermöglicht. Das gleiche Prinzip, das auch die katabolen, substanzaufspaltenden Prozesse der Zelle, die Wärmefreisetzung des Körpers und die Eigenschaft der Verdauungsenzyme steuert, bewirkt im Großen als „kosmischer Stoffwechsel" die Energieabgabe der Sonne, alle natürlichen chemischen Reaktionen oder die Umwandlung des Lichts in Wachstumsvorgänge durch Pflanzen.

Ayurvedischer Kaffee

Dieser koffeinfreie Kaffee enthält unter anderem die gerösteten, bei uns als Lampionfrucht bekannten Beeren der *Physalis alkekengi*-Pflanze, die im Zusammenwirken mit den anderen Inhaltsstoffen aus dem Himalaja für eine geregelte Verdauung sorgen, Störungen vorbeugen und fettreiche und süße Speisen bekömmlicher machen. Dieser Kaffe ist wohlschmeckend und kann täglich getrunken werden (Bezugsadresse s. S. 169).

Churna (Vata-, Pitta- und Kaphachurna und -tee)

Zahlreiche Produkte des Maharishi-Ayuveda wurden hergestellt, um Doshastörungen zu beheben. Auch gewürzhaltige Kräutertees und *Churnas* oder Gewürzmischungen sind erhältlich, die Vata, Pitta oder Kapha reduzieren helfen.

Pittatypen sollten regelmäßig Pittatee trinken und dem Essen Pittachurna hinzufügen. Vatatypen verwenden das ganze Jahr über Vatatee und -churna. Kaphatypen sollten vor allem während der Kaphajahreszeit im Frühjahr und im Winter den entsprechenden Tee und Churna verwenden.

Darüber hinaus können Tee und Churna auch therapeutisch zur Behandlung eines abnorm erhöhten Doshas Verwendung finden. Auch ein Pittatyp zum Beispiel, der an einem akuten grippalen Infekt erkrankt ist, kann den sehr scharfen Kaphatee zu sich nehmen, solange die Krankheit dies erfordert und sofern er ihm gut bekommt.

Dhal

Beim Dhal handelt es sich um verschiedene Arten von Linsen und Bohnen, die sehr stärkereich sind und deshalb eine sehr viel größere Verbreitung finden sollten. Gewürztes Dhal hat nicht nur ein gutes Aroma, sondern beugt sogar gravierenden Darmerkrankungen effektiv vor und ist eine echte Bereicherung für den täglichen Speiseplan (Bezugsadresse s. S. 169).

Dhinacharya

Wie nutze ich die 24 Stunden des Tages optimal? Diese Frage stellen sich nicht nur vielbeschäftigte Manager, Krankenschwestern oder Firmenchefs, sondern auch jede Hausfrau muß gleichzeitig die Kunst der perfekten Organisation beherrschen. Aber keiner von uns wäre in der Lage, nur durch Disziplin, Ausdauer und unter Einsatz all seiner Fähigkeiten und Kräfte für Ordnung in der Familie oder dem Betrieb zu sorgen, gäbe es nicht natürliche Rhythmen und Zyklen, denen wir folgen könnten. Dhinacharya oder die *vedische Tagesroutine* liefert das vollständige Wissen über einen idealen Tagesablauf, der unsere Kräfte schont und uns, statt anstrengend und beschwerlich zu sein, Freude bereitet. Diese einfachen Regeln wollen uns zeigen, wie wir im Einklang mit unseren Doshas und den „Gezeiten des Tages" zu einem optimalen Wohlbefinden und großer Effizienz unserer täglichen Arbeit zurückfinden können:

- Die ideale Zeit um aufzustehen ist 6 Uhr oder für den, der mag: kurz vor Sonnenaufgang.
- Zunächst kann man etwas heißes Wasser trinken, was von nächtlichen Stoffwechselrückständen befreien hilft.
- Zähneputzen und Reinigung der Zunge (hierfür gibt es einen Zungenschaber zu kaufen, aber auch mit der Zahnbürste läßt sich die Zunge reinigen).
- Gang zur Toilette.
- Ganzkörpermassage.
- Baden oder Duschen.
- Wasser mit Zitronensaft und Honig trinken.
- Zeit für Meditation und Yogaübungen.
- Frühstück oder Teestunde.
- Jetzt beginnt eine beglückende Tagesaktivität.

- Bitte vergessen Sie nicht das regelmäßige Heißwassertrinken.
- Mittags, 12 Uhr, ist die ideale Zeit, um die Hauptmahlzeit des Tages einzunehmen, die Verdauungsprozesse laufen auf Hochtouren.
- Danach sollte man, wenn es die Arbeitszeit zuläßt, spazierengehen, etwas ruhen, eine Pause einlegen.
- 17 Uhr: eine gute Zeit, um zu meditieren.
- Danach ein leichtes Abendessen.
- Gemächlicher, anstrengungsloser Ausklang des Tagesl
- 22 Uhr: Wenn man jetzt schlafen geht, ist das die wichtigste Voraussetzung für einen nächsten Morgen voller Ausgeruhtheit und Frische.

Ernährungsregeln, die wichtigsten im Überblick

- Bevorzugen Sie stets frische Zutaten, meiden Sie Konserven oder Tiefgefrorenes.
- Kochen Sie Gemüse und Grundnahrungsmittel gut gar, ergänzen Sie warme Speisen nur durch wenig Rohkost.
- Würzen Sie alles gut.
- Essen Sie morgens wenig, oder beschränken Sie sich auf Saft und heißes Wasser.
- Die umfangreichste Mahlzeit sollte die am Mittag sein, die Essensmenge sollte etwa der Menge an Nahrung entsprechen, die in Ihre beiden geöffneten Hände hineinpaßt. Trinken Sie ½ Stunde vor und 1 Stunde lang nach dem Essen kein heißes Wasser, nehmen Sie jedoch unmittelbar während der Mahlzeit ½–1 Tasse heißes Wasser in kleinen Schlucken zu sich. Bei Verdauungsschwäche können Sie dem Wasser Ingwer, Koriander und Anis zusetzen. Bei deutlicher Neigung zu Völlegefühl sollten Sie ½ Stunde vor dem Mittagessen 2 Scheiben frische Ingwerwurzel mit etwas Salz kauen, dies steigert auch den Appetit.
- Das Abendessen kann sehr leicht sein und aus Suppe, getoastetem Brot (das besser verträglich ist als frisches Brot), Brei, Nudeln mit Soße oder Gemüse und Reis bestehen. Joghurt, viel gelber Schnittkäse, Sojaprodukte oder Eier sind für die Abendmazeit zu schwer und sollten eher besser gemieden werden.
- Häufige Zwischenmahlzeiten sind nicht förderlich für die Gesundheit, bei gutem Appetit bieten sich als Zwischenmahlzeit Obst (wie Äpfel), Trockenobst, Nüsse und Reiskekse an.

- Spät abends oder unmittelbar vor dem Zubettgehen zu essen, ist sehr belastend und zieht schnell Gesundheitsstörungen nach sich.
- Wenn Sie selbst Kuchen backen, würzen Sie ihn mit Zimt, Kardamom, Ingwer oder Safran.
- Nehmen Sie täglich ayurvedische Produkte zu sich: Ghee, abgekochte, warme Milch, Basmatireis, Gemüse und Suppe, Nüsse, heißes Wasser, Gewürze, frisch ausgepreßten Saft.
- Bleiben Sie nach dem Essen unbedingt noch wenige Minuten ruhig sitzen – Sie erreichen so Ausgewogenheit der Doshas und Freiheit von Verdauungsproblemen.
- Essen Sie nicht, während der Fernseher läuft, oder beim Lesen.
- Essen und angeregte Diskussionen passen ebenfalls nicht gut zusammen, nehmen Sie Ihr Essen auch niemals in einer gespannten, gereizten oder sehr lauten Atmosphäre ein.
- Essen Sie nicht mehr nur aus Gewohnheit, sondern beginnen Sie, wieder mit dem natürlichen Empfinden, was gut für Sie ist, zu kommunizieren. Befragen Sie Ihren Körper, was er mag. Es kann sein, daß Sie, nachdem Sie einige Zeit den ayurvedischen Empfehlungen gefolgt sind, bewußter wahrnehmen, wenn Sie an einem Tag eine gewisse Unlust dem Essen gegenüber verspüren. Nehmen Sie solche Impulse der Körperintelligenz ernst, und reagieren Sie, indem Sie die Mahlzeit ausfallen lassen oder nur etwas Obst essen. Solche Momente, in denen wir uns richtig verhalten, sind manchmal entscheidend darüber, ob wir zum Beispiel von einer Grippewelle verschont bleiben oder eine Magenverstimmung verhindern können.

Gandharva-Veda

Gandharva-Veda ist die klassische Musik des Ausdrucks der Verbundenheit mit den Naturgesetzen. Während unsere Musik sich an Harmonien und kulturellen Strömungen orientiert, schenkt die Gandharvamusik den Rhythmen der Natur eine große Aufmerksamkeit. Sie erhalten Gandharva-Musikkassetten und CDs im Versandhandel und haben Gelegenheit, Konzerten dieser speziellen altindischen, das Nervensystem regenerierenden Musik beizuwohnen, die regelmäßig in größeren Städten stattfinden.

Ghee

(sprich Gih), geläuterte Butter, die einen wesentlichen Bestandteil ayurvedischer Ernährung darstellt. Ghee wird aus handelsüblicher ungesalzener Sauerrahmbutter hergestellt, indem 500–1000 g Butter in einem Topf auf dem Herd erhitzt werden. Nachdem die Butter verflüssigt ist, läßt man sie für 30 Minuten leicht weiterköcheln, achtet aber genau darauf, daß sie nicht anbrennt.
Während dieser Zeit steigen weißliche Milchbestandteile aus der Butter an die Oberfläche, die abgeschöpft und weggeworfen werden. Am Ende der Kochzeit strömt die so geläuterte Butter einen angenehmen Duft aus, sie ist von goldgelber Farbe, und nur noch wenige weißliche Fettbestandteile finden sich als Rückstand am Boden des Topfes.
Nehmen Sie jetzt den Topf vom Herd und gießen ausschließlich die klare Flüssigkeit in ein verschließbares Aufbewahrungsgefäß, keine der weißen Fettpartikel sollten in das Gefäß gelangen. Seihen Sie dazu das fertiggestellte Ghee durch ein Baumwolltuch. Zur Erhöhung der Haltbarkeit können Sie der Flüssigkeit nun 2 Nelken zusetzen (das Nelkenöl hat einen desinfizierenden und dadurch konservierenden Effekt).
Dieses Butterreinfett kann regelmäßig verwendet werden als Brat-, Back- und Kochfett, 1 Teelöffel voll können Sie über fertig zubereitete Speisen wie Reis oder Gemüse geben, Soßen werden mit Ghee sehr verfeinert.
Die Vorteile der regelmäßigen Anwendung von Ghee gegenüber anderen Fetten und Ölen (wie Butter, Margarine usw.) bestehen in seiner idealen Verwertbarkeit für die Körpergewebe, es dient nach ayurvedischer Anschauung einer optimalen Versorgung des Körpers einschließlich seiner Gelenke, der Haut und der Verdauungsdrüsen mit lebenswichtigen Stoffen, wie Vitaminen. Gleichzeitig entschlackt es durch die Bindung fettlöslicher Gifte und Abfallprodukte im Stoffwechsel den Organismus und fördert die Produktion von Ojas (siehe dort).

Mandel-Energietrunk

Der Mandel-Energietrunk ist ein lösliches Getränkepulver, das man in Wasser oder Milch genießen kann. Inhaltsstoffe wie Mandeln, Winterkirsche und Caldera versorgen das Nervensystem mit neuer Energie und machen dieses schmackhafte Getränk besonders für Geistesarbeiter, Sportler und Kinder interessant. Besonders nährend wirkt es für Vatapatienten. Die darin enthaltene Calderapflanze wird in der Ayurvedamedizin bei Austrocknungserscheinungen der Gelenke angewendet (Arthrose), um den Gelenkknorpel zu befeuchten.

Ojas

ist die eigentliche Grundlage von Gesundheit, eines unüberwindlichen Immunsystems und allgemeiner Stärke des Körpers und seiner Organe. Die innere Intelligenz des Körpers, die „allwissende" Instanz, denn sie enthält die gesammelten Informationen über die Beschaffenheit und Funktion der Milliarden Körperzellen, bringt auch Ojas hervor.

Ojas als feinstoffliche Stoffwechselsubstanz, ist dann im Körper vermehrt vorhanden, wenn er frei von Schlacken ist und Nährstofftransport zu den Geweben und ungehinderte Ausscheidung von schädlichen Endprodukten gewährleistet sind. Ojas fördert in diesem Fall den Zustand großer innerer Stärke und Stabilität, und es verstärkt die Gefühle von Fülle und Ganzheit.

Ojas, oder die feinstoffliche „Chemikalie des Glücks", wird durch den Genuß spezieller Lebensmittel mit einem hohen Reinheitsgrad im Körper gebildet, wie beispielsweise Ghee, Basmatireis, Blütenpollen, Safran, Mandeln und Milch oder Mangos. Voraussetzungen sind eine gut arbeitende Verdauung und weitgehende Freiheit von Toxinen im Körper.

In hohem Maße wird die Produktion von Ojas durch die Ausübung der transzendentalen Meditation begünstigt, die in besonderer Weise zu der Erfahrung besserer Gesundheit und größerem Wohlbefinden führt.

Eine Verminderung von Ojas kann eintreten durch

- Verletzungen des Körpers,
- Substanzverlust, Abmagerungskuren, bei sehr starkem Hunger (ein Vollfasten, das länger als 36 Stunden dauert, reduziert Ojas drastisch),
- zerstörerische Gefühle, wie Angst, Sorge oder Zorn,
- Erschöpfung von Energien,
- Fremdstoffe im Blut, den Geweben oder Ausscheidungsorganen reduzieren ebenfalls innere Ausgewogenheit und das Gefühl der Zufriedenheit; hierzu zählt auch die Belastung durch Schwermetalle, wie sie bei der Verwendung quecksilberhaltiger Amalgamverbindungen durch die moderne Zahmedizin unweigerlich auftritt.
- Einige Nahrungs- und Genußmittel tendieren ebenfalls dazu, Ojas im Kör-

per eher zu verringern. Dazu zählen Reizstoffe, wie Koffein in Kaffee und Tein in schwarzem Tee.
Nikotin und Alkohol führen schnell zu einem Anstieg von Pitta und Vata und beeinträchtigen auf diese Weise die Bildung von Ojas.
Zu den ojasblockierenden Lebensmitteln zählen außerdem Zwiebeln, Knoblauch, Schokolade, überalterte und konservierte Nahrung.

- Darmkrankheiten oder eine Dysbiose des Dickdarms stellen gewichtige Störfaktoren für den inneren Stoffwechsel dar, und auch sie verhindern die Bildung dieser für unser optimales Allgemeinbefinden so wichtigen Substanz.

Der Begriff *Dysbiose* stammt aus der Naturheilkunde und bezeichnet einen pathologischen Zustand der Darmschleimhaut und des angelagerten Anteils des Immunsystems. Die normalerweise im Kolon bestehende Besiedlung durch symbiotische Bakterien, die dem Körper von Nutzen sind, ist bei der Dysbiose mehr oder weniger verdrängt durch krankmachende Keime, wie entartete Kolibakterien, Pilze oder deren Stoffwechselgifte. Die Folgen sind vielfältig. Es kann zur Entstehung von Allergien und Entzündungen kommen, und die Leistungsfähigkeit körpereigener Abwehrmechanismen ist herabgesetzt.
Die Synthetisierung von Endorphinen (körpereigenen opiatähnlichen Botenstoffen) ist dabei in Mitleidenschaft gezogen. Gerade diese Stoffe sind es jedoch, deren ungestörte Produktion in millionstel Gramm bemessen, die unabdingbare Voraussetzung für unsere individuellen und ungetrübten Gefühlswahrnehmungen sind. Glückshormone, wie sie landläufig genannt werden, sind immer dann im Spiel, wenn wir Gefühle haben, also nahezu 24 Stunden des Tages, wenn man Tiefschlafphasen ausklammert. Sie werden unter anderem im Darm gebildet, sind damit abhängig von einer ungehinderten Verdauung und einem unverschlackten Darmmilieu.
Auch Ojas gilt als das feinstofflichste Endprodukt einer gesunden Verdauung, das über die inneren Kommunikationssysteme Blut, Reizleitung der Nerven und die innersekretorischen Drüsen mit allen anderen Bereichen des Körpers in enger Wechselbeziehung steht.
Die moderne Endokrinologie der letzten Jahre fand heraus, daß die natürliche Funktionsfähigkeit des Gehirns von einem fehlerfrei arbeitenden Verdauungssystem abhängt. Nur dann, wenn das Zentralnervensystem die benötigten Nährstoffe, Sauerstoff und Endorphine zugeführt bekommt und sich keine vermehrten Schlacken ansammeln, ist es in der Lage, eine ungetrübte Sinneswahrnehmung aufrechtzuerhalten und Gefühlswelt und Vorgänge in der Außenwelt objektiv, unvoreingenommen und realistisch zu bewerten.

Andauerndes Glücklichsein, positive Emotionen, ein Gefühl innerer Leichtigkeit und Unbeschwertheit, also Gefühle, die als angenehm und harmonisch empfunden werden, sind die Symptome eines gesunden Stoffwechsels.
Eine erste Information über den Zustand unseres Darmtrakts liefert uns der Blick auf unsere Zunge. Stellen Sie vor dem Spiegel fest, daß Ihre Zunge weiß oder bräunlich belegt ist oder rötliche Flecken aufweist, haben Sie einen deutlichen Hinweis auf eine Dysbiose bzw. auf Verdauungsstörungen, die in irgendeinem Abschnitt des Magen-Darm-Trakts zu suchen sind, diese müssen nicht unbedingt mit dem Auftreten einer Stuhlverstopfung einhergehen. Dieser Zustand ist immer behandlungsbedürftig, und Sie werden in diesem Fall grundsätzlich feststellen, daß mit einer Behandlung des Verdauungssystems eine Verbesserung der Stimmungslage und des Allgemeinbefindens einhergehen.

Sthapatya-Veda

Sthapatya-Veda ist einer von Maharishis globalen Ansätzen, ein gesundes Wohnklima für jedermann zu schaffen. Sthapatya-Veda (in diesem Wort stoßen wir auf die Silbe *stha* wie in „Stadt", „stehen" oder „stabil") bezeichnet die vedische Kunst des biologischen Städtebaus in seiner höchstwickelten Form. Diese Wissenschaft des Hausbaus berücksichtigt nicht nur Materialfragen, sondern orientiert sich an lokalen klimatischen und spirituellen Faktoren und entwickelt Häuser, deren jeweilige optimale Raumausrichtung in Hinblick auf den Sonnenlauf und die Himmelsrichtung ein Teil des Bauplans und seiner Ausführung wird.

Anhang

Weiterführende Informationen, wie eine Liste von Ayurvedaärzten, Ayurveda-Gesundheitszentren sowie eine Liste empfehlenswerter Literatur, kann kostenlos angefordert werden bei

Deutsche Gesellschaft für Ayurveda
Sekretariat
Wildbadstraße 201

56841 Traben-Trarbach — Telefon 0654/58 17

Prospekte der Maharishi-Ayurveda-Produkte erhalten Sie kostenlos bei

MTC
Postfach 11 26

41845 Wassenberg — Telefon 02432/23 18

Auskünfte zur Meditation

Samhita GmbH
Am Berg 13

49143 Bissendorf — Telefon 05402/85 59

Lehrinstitut für Transzendentale Meditation
Tempelhofer Ufer 23/24

10963 Berlin — Telefon 030/2 15 93 24

Maharishi-Ayurveda-Gesundheitszentren

20148 Hamburg, Rothenbaumchaussee 26, Tel. 040/45 20 80
33106 Paderborn, Raiffeisenstr. 6, Tel. 05254/62 43
49143 Bissendorf, Am Berg 11, Tel. 05402/7 54 51
49661 Cloppenburg, Wilhelm-Busch-Str. 1, Tel. 04471/56 54
56130 Bad Ems, Am Robert-Kampe-Sprudel, Tel. 02603/9 40 70
56841 Traben-Trarbach, Wildbadstr. 201, Tel. 06541/70 50
82343 Pöcking, Hindenburgstr. 21, Tel. 08157/71 52
93049 Regensburg, Hans-Sachs.Str. 9 b, Tel. 0941/2 67 71

A-8952 Irdning, Hotel Schloß Pichlarn, Tel. 0043/3682/2 28 41 571

Anschrift des Autors

Naturheilpraxis Matthias Schramm
Bernwardstr. 25

31134 Hildesheim Tel. 05121/51 54 14

Register